JN012696

わかりやすい

事業再生手続

阿部 信一郎 [著]

一般社団法人 金融財政事情研究会

はじめに

　事業再生は生き物である。対象となる企業がどのような産業に分類されてどのようなことを生業（なりわい）としているかによってアプローチが異なるし、類似業種と呼ばれる企業であっても、企業ごとの事情は異なっている。事業再生の対象となる企業は、スタートアップ企業とは異なり、社会に受け入れられ、ある時期にはよい業績をあげて活躍してきた企業である。それぞれがユニークな存在であるゆえに、社会において存在価値のある企業としてこれまで生き延びてきた。それゆえに経営者も、それぞれが個性的であり、独自の価値観のもとで成功して生き残ってきたのであろうが、売上げが不振になるなどさまざまな事情から、事業を再生・再編して、既存の事業の転換を図っていかなければならない状況に追い込まれているのである。

　このような事業再生を図る企業には、同じ再建の手法が使えそうで使えないこともある。文豪トルストイが、小説『アンナ・カレーニナ』の冒頭でいみじくも伝えているように「幸福な家庭はどれも似たものだが、不幸な家庭はいずれもそれぞれに不幸なものである」を地（じ）でいくのが、事業再生の現場である。企業が窮境に陥った原因をそれぞれ分析して、その解決策をテーラーメイドで考えていく。企業の個性が再生の個性ともなり、そこに事業再生の醍醐味もある。

　他方で、このテーラーメイドの事業再生を行っていくためには、事業再生に関する知識も必要となる。法律であれば民事再生法をはじめとする倒産法の知識はもとより、会社法、労働法、契約法、金融商品取引法、独占禁止法や税法をはじめとする各種法律に精通していなければならない。対象企業が外国にも支店やグループ会社を擁していればその国の法律も把握する必要がある。さらに、経済や経営の面からは、貸借対照表や損益計算書等の財務諸表の読み方はもとより、その企業が行っている事業の分析、属する産業の置かれている状況、その前提となる日本経済やグローバル経済の過去・現在・将来にまで幅を広げて知っていることが必要であろう。

本書は、事業再生に取りかかるうえで知っておいた方がよい基礎の基礎を、できるだけわかりやすく、簡単な言葉を使って解説するつもりである。事業再生を一通り学ぼうとする学生や専門家、事業再生にこれから実地で取りかかろうとするビジネスマン、金融マンを念頭に執筆したものである。

　筆者は、弁護士として現場で再生案件に携わるとともに、日本で法科大学院が創設された当初から事業再生に関心のある学生を教えてきた。中央大学法科大学院の「事業再生」講座を、故・高木新二郎先生と一緒に開講させていただき、高木先生の退官後は筆者が単独で講義して現在に至っている。その講座の当初から使われていたレジュメは、高木先生の『事業再生』（岩波新書、2006年）に結実したが、その後はバージョンアップされることもないまま現在に至っている。そこで筆者の方で法科大学院での最近の講義をもとに直近の事業再生の事情、最新手法も盛り込んだアップデート版として執筆したのが本書である。高木先生の学恩に感謝する。また法科大学院で同じ倒産法を担当している佐藤鉄男教授、小林信明先生、富永浩明先生にはこれまでさまざまなアドバイスを頂戴した。実務面では、直接の師である故・松嶋英機先生、綾克己先生をはじめ、清水直先生、才口千晴先生、奥野善彦先生、清水建夫先生、村松謙一先生をはじめとする東京弁護士会倒産法部の諸先輩方に大変お世話になってきた。みなさまに感謝する次第である。

　2023年7月
　　霞が関ビルの事務所から国会議事堂をながめながら

　　　　　　　　　　　　　　　　　　　　阿部　信一郎

目　次

第3章 **事業再生のプレーヤー**………………………91

第4章 **不良債権処理と事業再生**………………107

事業再生とは何か

事業を再生するためには、何よりも早期に対策を立てて実行に移すことが必要になる。

　事業再生は病気の治療と似ており、早期治療が早期回復につながる。病気が軽いうちは内科治療をする。経営を改善し内部の不採算部門の効率性をよくする。だんだん症状が重くなってきたら、病気が全身に広がらないうちに患部を切除し、体力を回復させ活力を蘇らせる。不採算部門や不得意な部門を切り出してほかに譲渡するなり閉鎖する一方で、再建の要となるコア部門の収益を改善すべく力を集中する。身体に悪いものを減らし、良いものを積極的に取り入れて体力を増強する。事業に見合わないほど多くの借金・過剰債務があればそれを減らしつつ、新たに出資を募って投資を呼び込むなどして財務基盤を固める。事業と財務の2つの側面での再構築、すなわちリストラクチャリングを行う。さらに手術の結果を馴染ませ、体質を改善するための内科的治療を継続して健康体を回復する。再建計画の実行を継続しつつ、モニタリングを行うことで改善点を発見しつつ、事業の再生を確実とする。

　いうまでもなく、事業再生において早期治療をするためには、早期発見が必要である。もちろん、最初から外科手術をしないで内科治療で病気を回復させることに越したことはない。ところが内科治療で本来済むような場合でも、経営者の過信などから事業再生に向けた内科治療は顧みられずにそのまま放置されて、過剰債務が累積していき事態が悪化した時には、「時すでに遅し」ということで外科的な処置が必要となる場合が往々にしてあるのである。早期の対応が重要である。

倒産と事業再生との関係

1 企業が倒産するのはなぜか

　企業が倒産する原因にはさまざまなものがある。例えば放漫経営、過当競争、経営者人材不足、売上不振、需要の減退、資産の目減り、過剰債務、景気低迷、設備投資過剰、連鎖倒産などがあげられるが、これら複数の原因が複合することもままある。

　1990年代初頭に発生した日本における不動産バブルの崩壊による経済破綻で、日本中の多くの企業が倒産の危機に直面した。2008（平成20）年9月に突然発生して世界中の金融機関を震撼させたリーマン・ブラザーズの破綻により、リーマン・ブラザーズと直接あるいは間接的に関係する世界中の銀行等の金融機関が破綻した。日本も無傷ではなく世界的な需要の減退から景気が低迷した。日本では自然災害による危機も多く、2011（平成23）年の東日本大地震をはじめ、各地で起こる大雨や台風、地震等が倒産原因となることもあった。また企業におけるコンプライアンス違反、リコール隠し、談合、刑事事件などが原因で倒産することもあった。最近では新型コロナウイルスによる取引の減少や停止、売上げの激減から倒産する例もある。

　大災害や新型コロナウイルスのような世界的な疫病発生などの突発事故などを除けば、倒産原因といわれているものは実は「きっかけ」にすぎないことも多い。バブル崩壊や景気低迷や取引先の倒産などをきっかけにして、まず体質の弱い企業から倒産するのである。したがって企業の経営者や金融機関などは、日頃からそのような事態に陥らないように、企業の財務内容や収益の変化から目を離さず、何が起こっても耐えられるような経営を心がけなければならない。不可抗力の事故の場合には対策の立てようもないが、そのような場合を除けば、企業は常に景気の変動や需要の変化に備えて健全な体

質を維持できるようにしておかなければならない。しかし現実を見ると、経営者の多くは希望的な観測に基づいて最悪の事態に追い詰められるまで対策を先送りにしてしまうのが通常である。

　関連法令や証券取引所の規則などの定めにより、会計監査人や監査法人の監査を経て、適時に財務内容を公表しなければならない大会社や上場会社については、監査人から会社の財務状況を「適正に表示していない」（不適正意見）とか「適正に表示しているかどうかについての意見を表明しない」（意見不表明）などの監査意見が表明されたことがある。最近ではこのような事例はあまり見られなくなったが、例えば2016（平成28）年の東芝の不正会計事件では、担当した監査法人が「経営成績及びキャッシュフローの状況を適正に表示していないと信じさせる事項がすべての重要な点において認められなかったどうかについての結論を表明しない」として意見不表明を宣言した（2017年3月期第3四半期レビュー報告書）。このような監査法人による意見不表明がなされることによって当該会社が窮境にあることが表面化することがあるが、そのような場合には、金融機関からの借入れなどによる有利子負債を削減する財務再構築計画や、収益性を回復させるための事業再構築をするための事業再生計画を作って公表し、実行に移さないと信用不安に陥り、遂には倒産に至ることになりかねない。とことん資金繰りが行き詰まってからやっと再生に着手するのでは遅すぎる。手形不渡りの直後いわゆる事実上の倒産をしてから再建に取りかかるのではなく、情報を早め早めに開示することで、事業再生に早期に着手することが求められる。

2　倒産してからの再建ではなく早い時期からの事業再生がよい

(1)　会社更生法や民事再生法は倒産処理だけではない再建法である

かつては、倒産してから再建するのが当たり前であった。

　倒産を処理する法律の基本法は破産法であるが、再建法である民事再生法、会社更生法も倒産処理法の中に含められている。しかし、会社更生法（17条1項2号）と民事再生法（21条）は企業が倒産する前の段階でも適用で

きるのである。すなわち企業が「弁済期にある債務を弁済することとすれば、その事業の継続に著しい支障を来すおそれがある」場合や「事業の継続に著しい支障を来すことなく弁済期にある債務を弁済できないとき」場合には、債務超過や支払不能などの破産原因、すなわち裁判所で破産手続を開始するための要件がなくとも、会社更生や民事再生の手続を始めることができると規定されている。ここで、破産原因である債務超過とは企業が「債務について、その財産をもって完済することができない状態」を意味し、また支払不能とは企業が「支払能力を欠くため弁済期にある債務を一般的かつ継続的に弁済できない」状態を指す法律用語である。

　無理な借金を重ねて大切な営業用財産などを売却しなければ債務を返済できないような状態になったときは、貸借対照表上は負債の額が資産の額よりも少ない「資産超過」の状態にあるとしても、あるいは買掛金の支払は滞っておらず手形の決済は現時点では滞りなくできているとしても、会社更生や民事再生の手続を利用して事業を再建させることができる、という意味である。

　とすると、民事再生法や会社更生法を「倒産処理法」というのは正確ではなく、倒産後だけでなく倒産前の段階も含めての「再建法」あるいは「再生法」と称する方が適しているようにも思える。

　そもそも、民事再生や会社更生の申立てができるのは資金繰りが苦しくなってからである。まだ資金繰りが逼迫しているわけではないが過剰な有利子負債のために経営が苦しくなっている場合であれば、早め早めに手を打つことである。風邪かなと思ったら風邪薬を一服早めに服用しておくことである。そのために役に立つのが債権者と債務者が交渉して債務者の事業再生を進める私的整理であり、最近では準則型の私的整理が隆盛となってきている。

(2)　準則型私的整理の隆盛
―営業は通常どおり継続しながら過剰な金融債務の整理

　準則型私的整理とは、私的整理により債務処理を行うための手続について

一般に公表された公正かつ適正な準則に基づいて進められる私的整理である
といわれている。純粋な私的整理でもないし、破産法や民事再生法をはじめ
とする倒産4法のような法律として規定されている手続でもない。その間に
あって、法律やガイドライン等の規定に基づき制定されている手続ではある
が、その手続の内容については法律で詳細には決めておらず、むしろ関係当
事者の創意工夫を尊重するという未来志向の手続であるということができ
る。再建型の手続に特化した手続である。

　この準則型私的整理の嚆矢となったのは、2001（平成13）年に公表された
私的整理ガイドラインであったが、それをさらに進化させたのは事業再生
ADRの手続である。例えば、企業が「過剰債務を主因として経営困難な状
況に陥っており、自力による再建が困難」であれば、事業再生ADR手続を
使って、金融債権者（銀行など）の協力により債務の減免猶予などの金融支
援を受けて事業を再生させることができるのである（経済産業省関係産業競
争力強化法施行規則第二十九条第二項の規定に基づき認証紛争解決事業者が手続
実施者に確認を求める事項［令和元年7月1日経済産業省告示第46号］）。会社更
生法と民事再生法が定める「事業の継続に著しい支障を来すことなく弁済期
にある債務を弁済できないとき」よりも早い段階で根本的な治療ができる点
に早期事業再生の面目がある。

　事業再生ADR手続が始まると、対象となる債権者である金融機関による
申立債務者への取立行為や担保権の実行などの個別的な権利行使は、一時的
に停止される。一時停止をしても、金融機関との間で締結した金銭消費貸借
契約書などに定められている期限の利益は喪失しないというメリットがあ
る。期限の利益が喪失すると、仮に返済期日が実際には到来していなくて
も、弁済期が到来したとみなされて一括弁済を余儀なくされる事態となる
が、一時停止はそのような事由には当たらないである。

　他方で、債務者が日常的に行っている買掛金の支払やその支払のための手
形振出しや手形決済などの一般的な商取引行為は停止されない。そのため、
事業再生ADR手続中であることを公表しない限り、誰にも倒産したことを
知られずに手続を進めることができる。資金繰りの逼迫により倒産しかねな

い窮境に陥る前の段階、つまり過剰債務により企業が不健全な状況になった段階で、過去の実績や将来の需給予測なども勘案した事業再構築（ビジネス・リストラクチャリング）の計画を立て、それによるキャッシュフローに見合う程度にまで、金融機関からの借入れなどで発生した有利子負債の総額を減らす必要がある。そこで、事業再生ADR手続を使って債務の整理すなわち財務再構築（デット・リストラクチャリング）が行われることとなる。

(3) 事業再生ADR手続による信用補完例もある

　上述したように、準則型私的整理手続である事業再生ADR手続は、原則として対象債権者を金融機関債権者に限定する非公開の手続である。非公開であることから取引債権者に不安を与えずに営業をそのまま継続できるわけである。他方で、上場会社においては、事業再生ADR手続により同意を受けた事業再建計画が債権放棄を伴う場合などには、その事業再生計画案の成立時点で適時開示をしなければならない縛りがある。

　また、事業再生ADR手続を申請する時点ですでに信用不安が起こっている企業もある。このような場合に事業再生ADR手続の申請をした旨を世間に知らせることは、信用不安をあおるどころか、かえっていったん毀損しかけた信用を回復することになり、そのような実例も出てきた。例えば事業再生ADR手続を申請したビジネスホテルチェーンのルートインジャパンは、上場企業ではないことからそもそも適時開示義務すら負っていない企業であったが、事業再生ADR手続を申請するや否や、早速報道機関にその旨を報告したようであり、申請日の翌日には日本経済新聞の一面などで大きく報道されることとなった。これは、事業再生ADR手続申請を公開することで、取引している債権者を安心させて、企業の信用毀損を防止できた例である。

　早期事業再生を行うことは、キャッシュフローに比べて過大な債務を抱えている問題企業が、倒産する前の早い段階で、収益力を回復し活性化するために必要な処置である。事業価値を維持しながらその劣化を防ぐためには、民事再生や会社更生などの法的倒産手続以外にも、会社法や産業競争力強化法（産強法）などの法律に定められているさまざまな制度を利用したり、後

述する経営者保証ガイドラインや中小企業版事業再生ガイドラインなど民間団体が取り決めた協定なども利用したりして、事業の早期再生を行うことが望まれる。

第 **2** 節

事業再生に必要な財務・会計

1 法的概念としての債務超過

　まず典型的な「貸借対照表」を見てみよう（図1）。貸借対照表の左側の欄には企業の資産が計上されており「借方」といわれている。一方、右側の欄は上下に分かれており、上の部分には企業の借金つまり負債が計上されており「貸方」といわれている。右側の欄の下の部分は「純資産」といわれており、株主からの出資と企業が取得した利益や損失が記載されている部分である。

　貸借対照表は英語ではバランスシート（Balance Sheet：BS）という。バランスには「釣り合い」が取れているという意味があるが、あらゆる貸借対照表は、借方（資産）の合計額と貸方（負債と純資産）の合計額とは必ず一致するように書かれる。借方と貸方の合計額に違いがある貸借対照表は存在しない。またバランスという英語には「残高」という意味もある。つまり貸借対照表には、資産や負債の各項目の決算期末の有高・残高が記載されている。

　そうすると左側と右側の両方の釣り合いが取れた、「資産」と「負債と純資産」の残高表が貸借対照表ということになる。しかし、貸借対照表を作っている企業に常に負債や資本に見合った資産があるのかというと、そうではない。

　資産の中には、①現預金、売掛金、受取手形、製品、商品、仕掛品などの比較的早く現金化される「流動資産」、②機械設備、工場や事業所の土地・建物など通常は現金化することが予定されていない「固定資産」、さらに③特許などの知的財産権や、保有している他社の株式などの投資有価証券などがあり、借方に計上されている。

［図１］ 貸借対照表

貸 借 対 照 表
(令和＿年＿月＿日 現在)

(単位：千円)

科　　　目	金　額	科　　　目	金　額
（ 資 産 の 部 ）		（ 負 債 の 部 ）	
流　動　資　産	10,783,980	流　動　負　債	3,605,351
現 金 及 び 預 金	7,202,426	買　　掛　　金	914,551
受　取　手　形	627,939	短 期 借 入 金	50,000
売　　掛　　金	1,155,877	未　　払　　金	1,425,023
商　　　　品	202,581	未　払　費　用	15,088
部　　　　品	20,889	未 払 法 人 税 等	179,245
前　払　費　用	314,562	預　　り　　金	20,000
繰 延 税 金 資 産	0	賞 与 引 当 金	306,321
短 期 貸 付 金	20,000	製 品 保 証 引 当 金	10,000
未　収　入　金	725,023	そ　の　他	685,123
そ　の　他	601,860		
貸 倒 引 当 金	▲87,177	固　定　負　債	884,630
		長 期 借 入 金	733,904
固　定　資　産	5,688,671	退 職 給 付 引 当 金	143,904
有 形 固 定 資 産	2,343,457	そ　の　他	6,822
建　　　　物	725,352		
構　　築　　物	162,676	負　債　合　計	4,489,981
機 械 及 び 装 置	246,123		
車 両 及 び 運 搬 具	16,558		
工具、器具及び備品	1,115,772	（ 純 資 産 の 部 ）	
土　　　　地	45,821		
建 設 仮 勘 定	31,155	株　主　資　本	11,976,554
		資　　本　　金	2,387,915
無 形 固 定 資 産	1,482,526	資 本 剰 余 金	2,454,031
施 設 利 用 権	150,080	資 本 準 備 金	2,454,031
ソ フ ト ウ ェ ア	1,332,425	その他資本剰余金	0
そ　の　他	21		
		利 益 剰 余 金	7,088,507
投 資 そ の 他 の 資 産	1,862,688	その他利益剰余金	7,088,507
投 資 有 価 証 券	252,428	繰越利益剰余金	0
関 係 会 社 株 式	119,006		
関 係 会 社 出 資 金	14,294	自　己　株　式	46,101
長 期 貸 付 金	521,022		
長 期 前 払 費 用	0	評 価 ・ 換 算 差 額 等	6,116
そ　の　他	1,027,446	その他有価証券評価差額金	6,116
貸 倒 引 当 金	▲71,508		
		純　資　産　合　計	11,982,670
資　産　合　計	16,472,651	負債・純資産合計	16,472,651

資産については理解が難しいものもある。例えば「繰延税金資産」という費目がある。貸付先の破綻に備えて貸倒引当金を資産のマイナス項目として計上した場合に、税法上の繰入限度額までは損金と認められるが、その限度を超えて引当をすると会計上は損金となるものの、税務上は損金として扱われず、課税される益金に含まれてしまう。しかし将来、現実にも貸付先が破綻したときは、限度額超過分も改めて税務上も損金と認められ、その分の支払済の税金が将来の法人税から減額される。こうした「前払税金」のようなものを貸借対照表上に資産として「繰延税金資産」という費目で計上する。企業会計と税務会計とが違うこと、両者にはズレが生じることを理解したうえでの議論となる。ここでは、企業会計原則に基づいて企業の一定期間の業績を数字として表す企業会計と、国家税制や課税所得の観点を重視する税務会計はその目的が異なっていることを理解する必要がある。

　両者を調整することを「税効果会計」というが、もちろん将来課税所得が生ずる見込みが確実でなければ法人税減額の可能性が乏しいため資産性が認められない。有名な話であるが、2004（平成16）年にUFJ銀行が多額の「繰延税金資産」を計上していたところ、多額の利益をあげられる見込みがあることについて十分な根拠がないため、当該繰延税金資産に資産価値があるとはいえないことが監査法人から指摘され、それがきっかけとなって東京三菱銀行と合併しなければならなくなった。

　他方で、負債の中には、①買掛金、支払手形、短期借入金など1年以内に弁済期限が到来する「流動負債」、②1年より先に弁済期限が来る「長期借入金」や社債などの「固定負債」などがある。企業の運転資金などは1年以内に返済されることが予定されている「短期借入金」であり、設備投資の目的のための資金は長期借入金で賄うのが通常である。

　資産の総額と負債の総額（貸方合計から資本勘定を除く）とを比べて見て、負債の方が資産よりも多い場合が「債務超過」である。前述したように、破産法でも法人破産の要件として債務超過が規定されており「その債務につき、その財産をもって完済することができない状態をいう」（破産16条1項）とされている。要するに会社の資産を全部売却して換金しても負債を返済で

きない状態である。

　なお、債務超過の前に「資本欠損」という状態がある。同じく右の貸方欄に計上されている資本金に相当する資産が、会社にない状態である。資本金が損失で食い潰された状態である。

　貸借対照表の純資産の部には、資本金や法定準備金（資本準備金や利益準備金、利益剰余金ともいう）が記載されており、または損失が計上されている。損失とは書かずに利益剰余金のところを▲（マイナス）で表示することもある。損失（繰越利益剰余金のマイナス項目として表示）が出ると、まずは「その他資本剰余金」を「その他利益剰余金」に振り替えることで損失（マイナス）をなくすことがある（欠損の填補）。しかし、すでに「その他資本剰余金」を全額取り崩してしまい残っていないときは、減資して資本金をその他資本剰余金にまわさない限りは、欠損の補填はできない。これが債務超過となる直前の資本欠損の状態である。債務超過が赤信号であるとすれば、資本欠損はいわば黄色信号である。本来、会社は資本金と同じ額の正味資産（資産から負債を差し引いた積極財産）を残しておかなければならないが、損失を穴埋めできないと、資本金に相当する財産がないことを貸借対照表で表示しなければならないことになり、資産不足の危ない会社であることを世間に知らせることになる。

2　債務超過の解消はどうするか

　債務超過になったとしても直ちに倒産するとは限らない。企業に「含み益」のある「遊休資産」があれば、評価換えをしたり、さらにそれを換金処分したりして利益を出して損失を補填することができる。

　遊休資産とは、会社の営業のためにはなくともよい不要不急の資産のことである。実際の資産価値（売れる値段）が会社の帳簿に記載されている簿価（取得価額から減価償却を差し引いた額）よりも多い場合に含み益があるという。資産を取得した時の価額よりも値段が上がったときは含み益があるが、それだけではない。建物や機械設備や自動車などは時の経過により価値が下がるので、会計上も「減価償却」をして、帳簿価値を現在価値に合わせてお

かなければならない。時の経過により価値が下がることが予定されている償却資産の簿価は、この減価償却後の価額である。いずれにせよ簿価が時価よりも低い遊休資産がある場合には、それを換金処分して含み益を実現して、損失を少なくしたり、あるいはなくしたりすることができる。

　商売上の収支である「経常利益」が赤字であったとしても、こうした財産処分などによる利益である「特別利益」を計上することによって、当期損失をなくすこともできるし、すでに出ている繰越損失を減らしたりなくしたりすることもできる。実際には、含み益がある遊休資産を保有している企業は、損失を計上する前にその処分を済ませていることが多い。また不動産不況となると含み益がある資産はなくなるのが実情であり、かえって簿価の方が時価よりも高い場合も出てくる。帳簿価格を資産評価した時価に合わせて減額修正することを「減損会計」という。

　資産処分によって損失を補填できない場合であっても、企業の収益力を回復することで損失を挽回できないかを検討することも重要である。次の決算期から利益が出せるように業績が回復すれば、その新しい利益分だけ会社の財産が増えて債務超過の解消が進むことになる。収益力によって債務超過を解消できる見込みがある会社ならば、何らかの原因で一時的に債務超過になったとしても倒産することはない。例えば大口取引先が倒産したために多額の売掛金が一時的に回収不能となって債務超過になってしまったが、商売を継続するのに十分な取引先がほかにも残っており、その損害を差し引いたとしても営業利益や経常利益が出ているような場合がそうである。しかし大口取引先に依存するという状態が生まれたのは、ほかに適当な取引先がないために仕方なくそうしていた場合が多いから、そう簡単に倒産した取引先に代わるような大きな取引先を獲得するというわけにはいかないこともあろう。

　遊休資産の売却や収益力の回復によって債務超過を解消できる見込みがないときは、最後の手段として債権者に「債権放棄」などをしてもらって過剰債務を減らすしかない。

3　簿記の知識も必要となる

　事業再生の仕事をするには、ある程度は簿記や会計や財務の知識があることが望ましい。企業の活動は簿記のルールに則って、日常の取引が記録されて、それが整理されて貸借対照表や損益計算書になり外部に公表される。

　簿記にも、単式簿記と複式簿記の区別がある。単式簿記は取引による一定期間経過後の現金増減の結果のみを表している現金出納簿であり、家計簿のようなものである。時代劇に出てくる「大福帳」もそうである。複式簿記では、例えば現金増減の結果ばかりではなく、どんな取引により現金が増減したのかも把握できる。日常の取引記録を仕訳（しわけ）といい、この記録が「仕訳帳」に記載される。この仕訳帳を現金、預金、売掛金などのカテゴリー（勘定科目）別に分けたのが総勘定元帳である。この仕訳を合算して「試算表」が作られ、そこから「貸借対照表」（図1）と「損益計算書」（図2）が作成される。

　貸借対照表が会計期間の終了日（決算日）時点における財産状態を表すのに対し、損益計算書は一定期間の企業の経営成績を表すものである。貸借対照表は決算日に、企業にどれだけの資産や負債・資本があるかという残高を示し、損益計算書ではその決算日まで一定期間中の企業の利益または損失を示している。また貸借対照表や損益計算書とその付属明細書だけでなく、期首と期末の現金の増減を示す「キャッシュフロー計算書」（図3）も作られ、合わせて財務三表と呼ばれる。

4　会社の財務内容や損益状況を知るには

　貸借対照表や損益計算書などの決算書には、会社の資産・負債の状況や損益の状況が正しく記載されていることが前提となっている。債務超過かどうかは貸借対照表を見れば一目で分かるはずである。

　ここでは損益計算書について簡単に説明しておこう（図2）。販売会社の例で簡単にいうと、同計算書には「売上高」と「売上原価」と「売上総利益」が書かれている。売上原価は簡単にいえば「仕入値」である。売上高か

[図2] 損益計算書

損 益 計 算 書

(自 令和＿年＿月＿日 至 令和＿年＿月＿日)

(単位：円)

科　　　目	金	額
売　　　上　　　高		100,000,000
売　　上　　原　　価		40,000,000
売　上　総　利　益		60,000,000
販売費及び一般管理費		1,400,000
営　業　利　益		58,600,000
営　業　外　収　益		
受　　取　　利　　息	34,000	
受　取　配　当　金	350,000	
為　替　差　益	50,000	
そ　　　の　　　他	0	434,000
営　業　外　費　用		
支　払　利　息	720,000	
た　な　卸　資　産　評　価　損	240,000	
為　替　差　損	30,000	
そ　　　の　　　他	50,000	1,040,000
経　常　利　益		57,994,000
特　別　利　益		
固　定　資　産　売　却　益	5,000,000	
前　期　損　益　修　正　益	10,000	
賞　与　引　当　金　戻　入　額	30,000	
製品保証引当金戻入額	0	
そ　　　の　　　他	0	5,040,000
特　別　損　失		
前　期　損　益　修　正　損	10,000	
固　定　資　産　除　売　却　損	500,000	
貸　倒　引　当　金　繰　入　額	0	
そ　　　の　　　他	0	510,000
税　引　前　当　期　純　利　益		62,524,000
法人税、住民税及び事業税	20,000,000	
法　人　税　等　調　整　額	△10,525,000	9,475,000
当　期　純　利　益		53,049,000

[図3] キャッシュフロー計算書

キャッシュフロー計算書　　　　　　　　　　　　　　　　　　（単位：百万円）
○○株式会社

	FY21期	FY22期	FY23期
営業活動によるキャッシュ・フロー			
税金等調整前当期純利益	3,866	4,079	6,480
減価償却費	1,739	1,952	2,617
貸倒引当金の増加額	88	125	△905
賞与引当金の増加額	585	798	9
受取利息及び受取配当金	59	△346	△453
支払利息	96	117	219
有価証券売却益	335	△22	△157
有形固定資産売却損	93	120	△19
売上債権の増加額	△1,188	△1,815	△2,188
棚卸資産の増加額	△7,382	△8,169	△7,967
仕入債務の増加額	5,342	6,555	5,941
その他	△3,161	△3,048	△2,925
小計	472	346	652
利息及び配当金の受領額	133	346	318
利息の支払額	△341	△128	△170
法人税等の支払額	△362	△149	△323
営業活動によるキャッシュ・フロー	202	415	477
投資活動によるキャッシュ・フロー			
有価証券の取得による支出	△336	△123	△228
有価証券の売却による収入	127	86	192
有形固定資産の取得による支出	△566	△353	△367
有形固定資産の売却による収入	4	209	169
貸付金の回収による収入	△212	1	1
投資活動によるキャッシュ・フロー	△393	△180	△233
財務活動によるキャッシュ・フロー			
短期借入金の借入による収入	114	327	291
短期借入金の返済による支出	△50	△50	△50
長期借入金の借入による収入	0	0	0
長期借入金の返済による支出	△400	△400	△400
配当金の支払額	180	200	220
財務活動によるキャッシュ・フロー	△137	77	61
現金及び現金同等物の増減額	98	312	305
現金及び現金同等物の期首残高	42,204	42,417	50,730
現金及び現金同等物の期末残高	42,515	42,729	51,035

ら売上原価を差し引いた残額が売上総利益つまり「粗利益」である。製造業の場合にはここが「製造原価」となるが、一般的には販売業よりも製造業の「粗利益率」の方が高いといわれている。販売業は仕入れた物にあまり手を加えないで転売するのに対し、製造業は原材料を仕入れて加工し販売するから、製造業の方が販売業よりも原価が低い。売上総利益の段階で赤字となると、原価よりも低い値段で売却したことになる。不良在庫をいっぺんに処分したような場合に一時的にそのような状態になることもある。そうではなく一時凌ぎの資金繰りのために、商品を約束手形で大量に仕入れて、原価割れした値段で一括売却して現金の獲得を目的とする商売はバッタ売りと呼ばれている。そんなことを繰り返していれば、倒産するのは目に見えているから詐欺的な行為であり犯罪である。以前はこのようなバッタ屋が一流企業まで騙して商品を仕入れておき、ある日突然姿をくらました事件を時々見聞きした。最初は手形を使って少額の商品を仕入れていき、徐々に取引先の信用を得たところで、ドカンと高額商品を買って手形で決済するわけであるが、その手形の支払期日を待っている間にバッタ屋は跡形もなく消えてしまうのであった。

　売上高に対する売上総利益の割合である粗利益率も高ければよいというものではない。「回転率」がよければ、粗利益率が低くても高い売上総利益があげられるからだ。損益計算書の売上高を貸借対照表の資産の額で割ると「総資本回転率」が出てくるが、1年に5回転するのであれば粗利益率が5％でも、年1回の回転で粗利益率が25％であったのと同じ効果をあげたことになる。

　製造業では造ってから売るまでに時間がかかるし、製造のために材料や設備が必要になるので、総資本回転率が販売業よりも低いのは当然であるし、その分だけ粗利益率が高くなる。反対に販売業は製造業に比べて設備などは少なくて済むし、仕入れてから売るまでの時間は製造する時間に比べれば短くて済むから、回転率が高くなければ利益が出ない。

　粗利益率や総資本回転率に限らず、日本の各産業分野の財務指標がどのくらいであるかは、経済産業省が統計を取って、毎年発表している。それらの

資料に照らしてみると、同業他社に比べて総資本回転率が低い場合には、当該企業の資産の中に売上げに貢献していない無駄な資産、例えば使われていない工場や不良在庫などがある可能性があり、事業再生の局面では早期にそのような遊休資産を処分してスリム化の必要性を検討しなければならないであろう。

その次に出てくるのは「一般管理費・販売費」である。略して「販管費」ともいう。これには従業員の賃金・給料や賃料など営業のための必要経費や、債務超過解消のところで説明した「減価償却費」などが計上される。これらの経費などを売上総利益から差し引いた残額が「営業利益」である。営業利益の段階で赤字の場合には、どの営業部門が赤字なのかとその原因を調べて、改善の見込みがなければ、その部門を閉鎖するなり売却するなりするしかないだろう。この営業利益段階で赤字であるかどうかで、当該企業の再建ができるかどうか、どの部門が営業利益を赤字とする主因であり閉鎖や売却を検討しなければならないのかを簡易に判定できる。

その次に「営業外収支」が来るが、収入の方は預金などの受取利息などであり、支出は借入金に対する支払利息などが主なものである。せっかく営業利益が出ていても、過大な債務負担があると、債務に応じて多額の利息を支払わなければならないので、結局は経常利益が赤字となってしまう。営業外支出を減らすためには、「有利子負債」を圧縮しなければならないが、そのためには不要不急な資産を処分しその利益で負債を弁済し、それでも足りなければ債権放棄を受けることを検討しなければならない。

会社の財務内容が健全かどうかは、貸借対照表や損益計算書やそれらの付属明細書に記載された数字をいろいろと組み合わせて、その内容を分析して判断されることになるが、財務内容の分析のためには、さまざまな「財務比率」が使われる。より専門的になれば、売上高に対する変動費の割合、固定費の割合、貢献利益の割合、営業利益の割合、後述するEBITDAの割合というように指標はいろいろあり、それぞれについて過去の実績と今期の見込み、来期以降の見込みを比較しながら将来の事業計画を検証していく。事業再生計画もそのような過去と現在、将来の予想を前提として、どのように事

業展開を修正してどれほど利益が出る予定となるのか、いくらの債権放棄を受けて、どのように弁済計画を作るのかという事業と財務の再構築を検討していくこととなる。

5　事業再生にも関係する簡単な財務分析

　いくつかの主な分析手法について説明する。大きく分けて、会社がどれほど安全であるかという安全性の指標と、会社にいかに収益力があるかという収益性の指標とに分けられる。

　会社の収益性の指標として、前述の粗利益率や総資本回転率があるが、それ以外にも総資本利益率（return on assets：ROA）や自己資本当期利益率（return on equity：ROE）などが代表的である。ROAは、損益計算書上の利益を貸借対照表上の総資産で除して計算される。資産を使って効率よく儲けているかが分かる。利益として営業利益、経常利益、当期利益などがあるので、それぞれの利益率を使って比率を計算して、同業他社の水準と比較することなる。また当該企業の過去の数値との比較から収益状況の傾向をつかむこともできる。ROEは、当期利益を自己資本すなわち株主資本で除して計算される。会社の所有者は株主である。この株主から拠出された資本をどれだけ有効に使って利益を稼いだかを測る指標である。この数値が高いほど収益性はよいと一般にはいえるが、自己資本が過小である企業、逆にいうと他人資本＝借金が多くて安定性に欠ける企業ほど高水準となる矛盾もあるなど注意点も必要であろう。米国の倒産実務では、倒産した企業への出資者である株主が企業への貸付債権者でもある場合、自己資本をわざと過少として負債を多くした資本構成を問題視し、当該過少資本を理由として、当該株主からの貸付債権を他の債権よりも劣後化することが検討される場合もある。上記2つに類似する指標として投資利益率（return on investment：ROI）という概念もある。

　また有形固定資産回転率という指標もある。これは売上高を有形固定資産で除することで、企業の固定資産への投資がどの程度有効活用されているかを測るのである。この水準が低いということは、売上高と対比して固定資産

が過大で、コスト高体質や未稼働の資産があることを意味する。液晶パネルの製造で有名であったシャープが台湾企業の鴻海精密工業に買収されたことも記憶にあるであろう。これは、シャープが大規模な最新の液晶パネル専門の工場を新設したところで液晶価格の世界的暴落があったことがきっかけとなったもので、当時、液晶パネルを造っても黒字化できないことから、シャープのその工場は半分も稼働していなかったといわれている。まさしく有形固定資産が過大となったのであり、回転率も低かったはずである。もちろんこれも製造業と卸売業とではその水準は相当違うであろう。

　会社の安全性の指標としては、会社の支払能力がどれほどあるかを知ることが一つのポイントである。そのためには、1年以内という短期に支払う必要のある借金がいくらあり（流動負債）、その支払に当てるために現金化できる資産（流動資産）がいくらあるかを比率で示す「流動比率」を求めることが最初にすべきことである。具体的には現預金・受取手形・売掛金・短期貸付金・市場性のある有価証券・商品などの流動資産の金額から、支払手形・買掛金・短期借入金など流動負債の金額を割ることで流動比率が算出される。この値が高いほど会社の短期的な支払能力は高くなる。

　もっとも、流動資産の中には商品や製造業の仕掛品のような「棚卸資産」も含まれている。棚卸資産は販売することで初めて現金化されるのであり、即時の現金化が難しい場合も多い。そこで短期の支払能力をより厳密に判断するためには、流動資産から直ちに換金できない棚卸資産を除いた当座資産と流動負債とを対比して「当座比率」を求める。この場合にも、当座資産の中にすでに支払い先が倒産して回収不能となっている売掛金や受取手形中に支払を受けられる見込みがない不渡手形などが含まれていれば、それらを除いて計算しなければならない。年間売上高を12で割れば月平均の売上高が出るが、売掛金残高が月平均売上高に比べて異常に多いときは、回収不能の売掛金が隠されていることがある。受取手形の額が異常に大きい場合も銀行で割り引いてもらえない不渡手形が含まれている可能性もあり、注意が必要である。

　キャッシュフローの指標も十分に検討することが不可欠である。貸借対照

表や損益計算書からは判明しない会社の資金繰りがあぶり出されてくる。「キャッシュフロー・ベースの事業収益」であり、具体的には「キャッシュフローと負債の関係（キャッシュフロー対有利子負債比率）」、「キャッシュフローと利払いの関係（インタレスト・カバレッジ・レシオ）」などである。過去の調子が良かった時期の比率と現在の調子が悪い時期の比率を比較してみると、会社が無理をしていることが次第に分かってくる。キャッシュフローを重視するのは、立派な資産を企業がどれだけ保有しているかということよりも、企業がどれだけ即座に使えるキャッシュを産み出す力をもっているかということの方が、企業価値を知るうえでは大切だからである。

6 不適切会計（粉飾決算）とは何か

　赤字を公表すると会社の信用が損なわれる。上場会社であれば直ちに株価や社債の値段の下落につながる。株価や社債の値段が下落すると「直接金融」により資金を調達することが難しくなる。

　「直接金融」とは株式や社債を発行する方法で投資家から直接に資金調達をすることをいう。大衆から預金を集めた金融機関から資金調達する「間接金融」に対する言葉である。間接金融は銀行などが定期預金などに対して利息を支払って調達した資金を又貸しすることになるので、それだけ余分に資金コストがかかっている。直接金融である株式や社債というかたちで「機関投資家」（生命保険会社や年金基金など一般大衆から保険料や掛け金などのかたちで集めた資金を、将来の保険金や年金などの支払に備えて、安全有利に運用して増やしておかなければならない組織など）や一般大衆から直接に資金を調達すれば、銀行などが介在しないだけ安いコストで資金を調達できる。

　会社の信用が高くなければ機関投資家から株式や社債などを引き受けてもらうことはできない。例えば東日本大震災時（2011年）に福島第一原発の事故が発生した東京電力では、その直後から信用が急減して、直ちにロンドンでの社債発行が取り消されて社債による資金調達ができなくなり、多数の邦銀の協力のもとで貸付けを受けて資金調達を図らざるを得なくなった。このような環境では直接金融と間接金融の役割の違いが鋭く出てくるわけであ

る。

　また東京証券取引所に上場している会社は、債務超過になると1年以内に
その債務超過を解消しなければ上場を廃止させられる（上場規程規則501条7
項5号。なおプライム市場等新しい市場が2022年4月より開設。）。つまり市場か
ら退場しなければならなくなる。上場廃止になると株式や社債市場から追放
され、直接金融の道が閉ざされることになる。こうして赤字決算は直接金融
にもろに影響する。日本では間接金融から直接金融へのシフトが進んでいる
が、上場廃止になると直接金融によるメリットを享受できない。

　銀行などから借金をするにも不都合が生ずることはいうまでもない。将来
の回収可能性に懸念があるものとされて、今後は融資を受けるのが難しくな
るおそれが生ずるのである。上場廃止になると資金調達に支障が生ずるだけ
でなく、上場会社は信用を失って売上げが低下し商売に差し支えることもあ
る。

　決算内容がよくないのに実際よりもよく見せかけるために、意図的に不正
な経理上の操作をして虚偽内容の財務報告をすることを「粉飾決算」とい
う。2015年に発覚した東芝の「不適切会計」問題は世間を賑わした。まさに
粉飾会計といえるが、そのころからマスコミは粉飾という言葉を封印して不
適切会計という用語を多用するようになった。

　粉飾の例であるが、利益状態が芳しくない中小企業などでは、機械設備、
車両運搬具、建物などの「償却資産」の減価償却をしていないか減価償却を
していたとしても十分にしていないことがある。事業を継続していくために
は老朽化した設備を更新しなければならない。そして会社は将来の設備など
の更新や自動車などの買い換えに備えて、資金の準備をしておかなければな
らないが、そのために実際には設備などが古くなる部分を減価分として経費
として計上して利益から差し引くのである。実際にはお金を支出していない
が、経費がかかったものとして利益が減り、その分の税金も節約できる。こ
のような税務上のメリットを放棄してでも利益を多く見せかけるために減価
償却をしないケースがある。上場企業や大企業の場合には会計基準によっ
て、このような処理はできないが、そうでない企業の場合にはこのような決

算も珍しくない。

「貸倒引当金」が適切に引き当てられていないこともある。信用取引つまり代金後払いで製品や商品を販売している限りは、売掛先の倒産などにより売掛金の何％かは回収できなくなる可能性がある。そこで回収不能によりいっぺんに深刻なダメージを受けないように、あらかじめ売掛金の一定割合の金額を貸倒引当金として計上して将来に備えておくのが健全な会計原則である。ただし、直ちに現金が出ていくわけではないので、この引当金が計上されていないことがある。実際の財務内容はよくないのに利益が出ているように見せかけるものである。

退職給与引当金の計上も十分に行われていないことがある。従業員の退職時には多額の退職金を一括して支払わなければならないが、もともと退職金は給料の後払いのようなものであり、その退職金の支払に備えて退職給付引当金の計上が認められているのであるが、時の経過によって現実化するものであって今すぐ支払う必要がないことから、不十分な計上しかなされないこともある。

さらに悪質になると、在庫品などの「棚卸資産」や売掛金などの「受取勘定債権」などの水増しが行われる。流行遅れの商品のように何年も売れないで倉庫に眠っている不良在庫を当初の価値があるようにして計上し続ける、あるいは相手先が倒産してしまって回収見込みがない売掛金や受取手形などを通常の回収可能な売掛金などと一緒に計上する方法である。

このような単純なやり口を見破るのは、それほど難しいことではない。損益計算書記載の年間売上高と在庫品の金額を比べて、在庫品が多いときは死蔵品が含まれていることがうかがわれるし、売掛金の支払条件、例えば商品を売ってから売掛金を回収するまでの期間が月末締めの翌月10日払いとなっているのに、年間売上高から計算されるより２か月分以上多い売掛金が計上されているときは、回収不能な売掛金が混入している疑いをもってよい。また、短期借入金の割合が多いなど資金繰りが決して楽ではないはずなのに、多額の受取手形が計上されているときには、振出人がすでに倒産してしまって支払ってもらえる見込みがない不渡手形が含まれている可能性もある。銀

行で割り引いてもらって現金化したり、支払期日に決済されて現金化されたりする見込みがない手形はもはや価値がない紙切れにすぎないのであるが、それが価値のある資産として計上されていることがある。

　巧妙ではあるが典型的な粉飾は、大量の不良在庫の売上げを計上しようとして、会計年度の期末近くに他社に売ったように見せかけ、翌会計年度の早い時期に買い戻したように装うこともある。これによって期末の売上高が高くなったように仮装され企業の業績がよいように見える。また建設工事の完成工事高を売上げとして損益計算書に計上しておきながら、その原価である下請工事代金のうち現実に支払分だけに限って原価の中に計上し、未払いである下請代金を完成工事原価として計上しない手法である。これにより粗利益が実際よりも多く見えて利益が出て儲かっている工事と仮装できる。

　しかし周到に準備してなされた粉飾決算を見破るのは容易ではない。上記の東芝事件においても、2015年に証券取引等監視委員会が入るまで1,500億円超の不適切会計が放置されていたわけであるが、これについては、米国で買収した原子力子会社の買収価格が高すぎ、2011年の福島第一原発の事故の影響を勘案して正直に減損をすれば利益が大幅に減少し責任問題となることが予想されたため放置されたとの報告もある。具体的に、工事売上げの過大な計上、在庫廃棄損の計上漏れ、買収した米原子力子会社の減損漏れなどが指摘されているおり、東芝のような日本を代表する企業においても中小企業が行うのと同じような粉飾決算の手法が使われていたことが分かる。

　専門家であれば、会計書類を吟味したり、それを前提に財務分析の手法を駆使したりすることで相当程度問題点を把握できるし、調査の過程で出てきた疑問点を当該企業の役員や経理会計の担当者にじかに質問することにより、かなりの程度に粉飾を解明することもできるであろう。他方で、そこまでの専門家でない我々でも、当該企業における数年分の数字をもとに「比較貸借対照表」、「比較損益計算書」、「比較製造原価報告書」などを作ってみて、数年間における各項目の増減変動を調べて、その変動の原因を調査究明することによっても、粉飾決算発見の糸口を見出すことができないわけではない。

粉飾を解明することは、窮境にある企業の破綻の原因やその解決法、事業の再構築をするうえで大きな示唆を与えてくれる。もちろん粉飾に関係したり、関係しないまでもそのような事態を放置していたりしたような経営陣は経営者責任を取って退陣するべきであるし、さらに損害賠償責任を負わなければならない。このような粉飾を明らかにし、経営陣も責任を果たしたうえで、再生計画等を作成しなければ、金融機関等を含めた債権者は再建計画に同意することはない。

　昔は、粉飾がバレた経営者が自己正当化して「中小企業であれば粉飾は多かれ少なかれやっている。自社もやったが競合他社もやっている。」といった発言をするような甘い考えがまかりとおっていた時期もあった。しかし、現在のコンプライアンスを重視する法律や社会風潮において、粉飾・不適切会計を行うことは、企業にとっても経営者自身にとっても致命傷となり、早期の事業再生の着手を妨げる結果となるのである。

事業再生のための
企業（事業）価値評価の手法

1　デューデリによる企業価値の把握

　企業や事業を買収する場合や再建を行う場合に、その前提として企業や事業の中身を正確に調査して把握しなければならない。そのために例えば公認会計士の集団である監査法人のチームが「デュー・ディリジェンス」（Due Diligence）略して「デューデリ」や「DD」と呼ばれる調査を行う。詳細なマニュアルに基づいて、多人数の専門家を動員して短期間で集中的に行われる調査であり、在庫数の確認などでは実査をも厭わずに行う徹底的なものである。

　通常行われるDDの種類には、会社の財務内容の精査を行うために公認会計士や税理士によって行われる財務監査のDD、一度に多数人の弁護士を使って契約書関係や訴訟の有無や会社への訴訟の影響、コンプライアンス違反等を判断するために行われる法務DD、業界に精通したコンサルタントに現在及び将来の会社の事業環境を調査してもらい今後の発展性等を外観するビジネスDD（事業DD）などがある。最近では持続可能な世界の実現のためのESG（環境・社会・ガバナンス）の視点を踏まえたDDなど新しい種類のDDも生まれている。環境、温室効果ガス、水資源、労働条件、人権、個人情報保護、不正リスク管理、ガバナンスストラクチャーを含めた事業全般をESGの観点から調査する手法である。

2　企業や事業の価値評価：3つの評価法
―M&Aの買収価格は事業の価値評価を基礎とする

　事業再生の一番の早道は、窮境原因について責任のある経営者を更迭し、新たな経営陣によって人心を一新して事業の再生を図ることであるが、会社

再建を含めた事業再生のためにはM&A（mergers and acquisitions）が有効な手段であることは昔から変わりがない。会社更生の場合には、すでに1960年代半ば頃から申立企業の株式の100％減資と新株発行による増資の手法によって、オーナーチェンジが起こり、既存株主が退出して新株主が新たに更生会社の経営に関与することが通常となっていたが、これも実はM&Aの一形態である。日本ではこのような企業を「スポンサー企業」と呼んでいる。

当時は、法的倒産手続に入ったような危ない企業に出資することは珍しく、このような出資を行ったスポンサー企業やその経営者は窮境にある企業を救った篤志家といわれていたこともあるが、実は安い値段で専門性のあるよい技術をもった企業を手に入れられるという面もあった。またこのような企業は、いったん法的倒産手続のスクリーニングを経ていることから、買収後に簿外の負債等が出てくるおそれも一切なく、増資に応じたスポンサー企業も安心して買収できたのである。筆者もある会社更生事件でスポンサー候補者が「腐った魚には興味はないが、死んだ魚であれば買う」と発言していたことを記憶している。法的倒産前で粉飾等があるかもしれない企業（「腐った魚」）を買うことには躊躇があるが、法的倒産手続に入って財務関係も裁判所に手によって精査され、一点の曇りもなくなった倒産企業（「死んだ魚」）のM&Aを行い、再生していくことは魅力的なのである。

このM&Aの対価は、まさに譲渡の対象となる企業や事業の企業価値や事業価値の評価（enterprise value：EV）によって決められる。企業価値の評価方法はいくつかあるが、そのうち代表的なものとしてここでは３つの手法を紹介する。純資産法、類似会社比較法（EBITDA倍率法）とDCF法（discounted cash flow）とである。

このうち一番分かりやすいのは純資産法である。資産全部の評価額の合計から総負債を差し引いた残額が純資産である。ただし、暖簾（のれん）が計上されない場合には将来収益力の反映が不十分となる可能性がある。

類似会社比較法（EBITDA倍率法）は、株式を上場している同業または類似の業種の企業を、可能であればできるだけ多く選び、それらの企業の公開されている有価証券報告書などを参考にして、企業価値（enterprise value：

EV）とEBITDA（earnings before interest, tax, depreciation and amortization
［イービットダー］）の割合を比較する。企業価値は、選んだ企業が将来稼ぐ
キャッシュフローの現在価値として計算し、具体的には発行済株式の時価総
額と純有利子負債額（有利子負債−非事業用資産）の合計額となる。EBITDA
はあとで詳述するが、利払い前税引き前償却前利益のことである。この企業
価値の金額がEBITDAの何倍程度であるか計算して、譲渡対象の企業また
は事業のEBITDAにその倍率を乗じて企業価値を算出する。信頼に足りる
事業再生計画が作られている場合には、リストラクチャリングによって改善
されたあとのEBITDAを参考にすることもある。また国際的な経済活動を
行っており国際競争をしている企業の場合には、外国企業の公開情報を参考
にすることもある。もっとも、類似の業種の上場企業が少ない場合にどうす
るのか、企業規模によるディスカウントや株式の非流動性ディスカウント等
配慮する点があることには注意が必要である。

　DCF法による事業価値とは、事業再構築計画に基づく償却前営業利益か
ら、必要な設備投資額、増減する運転資本、法人税額などを加減して修正し
た将来のフリーキャッシュフロー（free cash flow：FCF）を、現在価値に割
り戻して算出した事業価値である。割引率算定のためには加重平均資本コス
ト（weighted average costs of capital：WACC［ワック］）を使うのが一般的で
ある。WACCは、①リスクフリーレート（10年物の国債利回りなど）、②当該
企業の β 値（株式市場全体の変動度に対する当該企業の株価の感応度）、③リス
クプレミアムなどから算出される株主資本コストと負債コストを目標負債資
本比率に応じて加重平均して算定する割引率である。いずれも公表されてい
る統計数値をもとにした数値である。

　ただし、割引率が1％程度変動するだけでも大きく価格が上下に変動する
おそれがあり、その点は慎重にしなければならない。DCF法は、以前よく
使われていた収益還元法をさらに精緻にしたものといってよい。なお、
DCF法では、いくら投資したらいくら儲かるかとの観点からは分かりやす
いが、逆に利益が薄い商売では事業を清算して売却したときの売却価格の方
が高くなる可能性もある。企業が所有している本社や工場の不動産を売却し

た方が得となる数字が出ることもあるわけである。

　簡単にいうと類似会社比較法やDCF法は企業または事業の収益力を評価し、純資産法は株式価値（資産から負債を引いた残りの価値）を評価するものである。この３つの方法によって算出した価格を比較し、多くの場合に前二者に重点を置いて決定しているようである。もちろん前二者のどちらに何割程度比重を置くかによっても、計算される価格は大きく異なってくる。

3　EBITDA、キャッシュフロー

　EBITDAやフリーキャッシュフローも企業診断や企業や事業の価値（enterprise value：EV）を算出するために使われる。

　EBITDA（earnings before interest, tax, depreciation and amortization［イービットダー］）は、利息、税金、償却（減価償却など）を差し引く前の営業利益のことである。機械・設備・車両運搬具などの経年などによる減価分は、資産価値が下がったものとして計算上は経費に計上して差し引くが、現金が現実に流出しているわけではないので、企業の実力を測るときには現金として支出されず会社に留保されている減価償却費と営業利益とを合算した営業キャッシュフローに類似するのものとして計算する方法である。経常利益を計算する場合に差し引かれる支払利息や利益があるときに課税される法人税なども同様に差し引かずに計算する。法人税も利息も国によって課税割合が大きく異なる。日本の法人税は30％弱であるがシンガポールでは15％強である。利息も日本では１％以下の低金利が長年続いているがブラジルに行けば10％を超える金利収入が得られる。だから、企業の実力を国際的に比較する場合にも税金や利息などを差し引く前の売上げで比較することで、正味の企業の実力が分かるのである。

　キャッシュフローまたはフリーキャッシュフロー（FCF）という言葉もよく使われる。EBITDAによく似ているが少し違う。正確な表現ではないが、営業利益から営業継続のために経常的な設備投資のための支出や税金などが差し引かれる。ホテルなどでは老朽化すればお客さんがほかに取られてしまうから常に設備の刷新が必要であり経常的な設備投資がされていることを想

起すれば分かりやすい。このように、フリーキャッシュフローとは、利益に減価償却費を加算した数字である。減価償却費は計算上の数字であることから企業から資金が実際には流出していないことから加算するのである。企業が産み出すことができる「使えるお金」の量である。

　前述したように、M&Aなどによる企業や事業の売買にあたって、対象の企業や事業部門の価値を算出する場合などに、企業価値の計算は欠かせない。借金の返済能力があるかどうか、負債の総額が適正な額に収まっているかどうか、言い換えれば過剰債務企業であるかどうかなどについても、この指標が目安として使われる。例えば流通産業を含む一般の企業の場合には、有利子負債のキャッシュフローに対する比率が10倍を超えると、特別の事情がある場合を除いて、過剰債務ではないかと疑われて新たな融資を受けることができなくなる可能性があるといわれている。

4　企業（事業）買収の手順、入札、ストーキング・ホース

　買い手は、コンサルタント、公認会計士、弁護士など事業、財務、法務の専門家を雇ってデューデリを実施し、その結果に基づいて企業（事業）価値の評価を行ってから売り手に買収価格を提示する。デューデリに先立ち、調査によって知ることができた企業情報を漏らさないこと、他の目的のために利用しないことなどを確約する秘密保持契約（Confidentiality Agreement：CA）が締結される。大きなM&Aになると、売り手と買い手の双方に、それぞれ証券会社や銀行などの投資銀行（investment bank）部門がファイナンシャル・アドバイザー（FA）として、売り手や買い手の候補者探しから値段交渉についてまで助言する。

　私的整理、会社更生、民事再生などの事業再生案件では、誰がいくらで買収するかは、債権者などの利害関係人にとって重大な関心事となる。買収値段によって債権放棄額などが決まる大きな要因となるからである。そこで複数の買収候補者を募って競争させ（オークション）、入札（ビッド）によって買主を決めることが少なくない。特に民事再生や会社更生など裁判所を使った再建手続においては、債権者も手続の公平性や透明性を特に注視してお

り、複数の買収候補者がいるのであれば、公平で透明性のある手続によって一人の買主であるスポンサーが選ばれることを重視する。

　さまざまな事情により、とりあえず一社を買収候補者として決めておき、そのあとで入札にかけることもある。債務者が信頼する確実な買い手を確保しておけば、事業再生の過程に入っていることが世間に知れても、その企業は最悪でも確実な買い手に買収されて再建できることが公表されて、企業の信用が毀損されず、企業価値が下落しないからである。例えば米国では確実な買い手となる買収候補者にまずはDDをしてもらい買収価格を合意して仮の買い手（stalking horse［ストーキング・ホース］）となってもらってから公表して、ストーキング・ホースの行ったDDの結果を開示してその他の買収候補者を募り、応募があれば改めて競争入札をさせて最終的な買い手を決める。あとから手をあげた候補者がストーキング・ホースよりも高い値段を付けたり、よりよい条件で買収することを申し出たりしたときには、ストーキング・ホースにあらかじめ約束したブレークアップ・フィー（解約金）を支払って降りてもらう。ブレークアップ・フィー（解約金）には、ストーキング・ホース自体のデューデリ費用の補償と安心してオークションにかけることができたことに対する謝礼という意味がある。あとから手をあげた候補者がより高い値段を付けたときは、ストーキング・ホースと二者だけで再度の入札（ビッド）をさせて、最終的な買い手を決めるという方法もある。もちろん、あとから手をあげた候補者にもあらかじめそういう条件であることを知らせたうえで行う。米国ではストーキング・ホース自身が落札する率は7割程度であるといわれている。日本の裁判所ではいまだ取り入れられていないが、韓国ではむしろ倒産裁判所が主体となってストーキング・ホースの活用を奨励している。

　M&Aの入札（ビッド）はサザビーズのオークションのように最高値の入札者が落札できるとは限らない。事業承継が売り手にとっても有益であることが望ましいので、承継後の経営方針や従業員の処遇などの重要事項についての提案も併せて入札においては提出してもらう。プロポーザル・ビッドと呼ぶが、値段だけでなく、そうした提案内容も考慮に入れて、買主が決まる

ことになる。中堅以上の企業の場合には、錯綜する大勢の利害関係人が納得する公正なプロセスと結果が求められる。

　公正かつ透明なプロセスを実現するために、日本の倒産事件においてスポンサーの選定について「二重の基準」というものが提案されている。窮境にある企業がスポンサーに買収される場面を2つに分類し、多数のスポンサー候補者が現れる魅力的な企業である場合には入札においても選定手続とプロポーザルの内容を複数のスポンサー候補者から厳格な基準で選定するべく検討する。他方でスポンサーが現れにくい魅力がない企業である場合には、スポンサー選定を厳格に行っても時間と費用が無駄であり、そもそもスポンサー候補者間の競争すらできないこともあり、単独のスポンサーに買収を懇願することになる。そのような場合には少なくとも清算価値保障原則を満たす買収価格、すなわち債権者にとって破産による配当よりはスポンサーに買収してもらった方がよいという買収価格を提示してもらい、それが合理的な価格であれば買収が妥当であるとの判断をする。傾聴に値する考え方といえる。

日本の企業倒産の特徴

1　不動産担保中心の融資とその変遷

　これまで長い間、日本の金融機関による融資の最大の特徴は、不動産担保に重きを置いていたことであった。1973（昭和48）年と1978（昭和53）年のオイルショック時や1991（平成3）年のバブル崩壊までは、何十年にもわたって土地価格の値上がりが続いていた。いわゆる「土地神話」である。土地の値段は上がることはあっても下がることはないと、誰もが信じていた。

　金融機関は、価値がある不動産を担保に取っていれば、事業収益が悪化してもその担保を処分すれば債権回収が可能だから、融資している金額が担保不動産の価値の範囲内に収まっていることを確認していればよかった。かつては銀行の不動産担保評価額は時価の70％といわれていたが、それをはみ出していなければそれでよかったのである。不動産価格が高値で安定し値上がりが続いている時代は、不良債権が発生していないかどうかをチェックする与信管理は楽であった。企業の運転資金を含む融資や手形割引の枠は、不動産担保権である「根抵当権」の「極度額」によって上限が画されていたのであり、不動産価格が値下がりしないことは暗黙の了解事項であった。なお根抵当権とは将来増減するある範囲の債権を一定の限度額まで担保するための抵当権である。

　それがバブル崩壊で激変した。不動産価格の急激な下落により不動産を担保とした融資には追い担保が必要とされたが、不動産価格の下落により追い担保ができなかったのであり、不動産担保を中心とした融資制度に疑問が投げかけられたのであった。バブル崩壊は当時の大蔵省（現財務省）が1990（平成2）年に不動産価格の高騰を抑制するために金融機関向けに行った総量規制に端を発した。といっても、現実にはバブルが崩壊してもしばらく

は、土地の価格はまた値上がりすると多くの人々が信じていた。しかし、1990年代後半に入って日本長期信用銀行をはじめとする長期信用銀行が破綻し、また10行以上あった都市銀行が合併等を経て三菱UFJ、三井住友、みずほの3行体制に集約する中で、日本はバブル崩壊と土地神話の終焉を経験したのであった。それまでは、例えばダイエーのような総合スーパーが、不動産を担保に金融機関から融資を受けて土地を取得して新規出店し、その新店舗を担保としてさらに金融機関から融資を受けて不動産を取得して新店舗を建設するなど次々と新しい店舗を展開していくような手法もあったが、そのような時代は終わった。

　当時は新たな金融手法として、特定の大型ビルを建てるためだけの特別目的会社（special purpose company：SPC）を設立し、後述するノンリコース型のプロジェクト・ファイナンスで金融機関から開発資金の融資を受け、大型ビル完成後にそのビルの賃料から収益の分配を受ける権利を小口に証券化して投資家に販売し、開発資金を回収し、金融機関に返済する一方で、差益も取得して収益をあげる、そしてその大型ビルが値上がりすれば高価で売却してキャピタルゲインを得ることを予定しつつビル管理の専門会社に移管するという不動産小口化商品も流行した時代であった。その後は、海外の富裕層や海外の政府系ファンドを含む投資専門会社が、大型不動産を小口化するまでもなく買収するような時代に変化して現在に至る。

　バブルの後始末が終了し日本の経済が復活したことに伴い、不動産の価格も回復し、さらには中国やシンガポールをはじめとする海外のファンド等が活躍して、日本の不動産が積極的に買収され、現在も高騰している。日本の金融機関においても、金融庁が1999（平成11）年に作成した金融検査マニュアルをもとに、不動産を担保とする融資が復活したところである。

　他方で金融庁では、過剰規制過剰介入への反省から、上記金融検査マニュアルを2019（令和元）年に廃止し、現在では過度に詳細なルールによる監督ではなく最低基準の遵守状況を確認するものに変更された。これは各地の金融機関が、金融庁が作成したマニュアルに依拠するのではなく、自分の力、自分の目と足で取引先の「収益力」や「返済能力」を検討してそれに見合っ

た融資をすることがさらに重要となったことを意味している。これまで多く
の金融機関では、マニュアル重視であり担保である土地の評価額を偏重した
融資慣行を続けたため、企業を「見る力」、企業の「稼ぐ力」を見分ける能
力が衰えて、行員のノウハウとして十分に蓄積されてこなかったといわれて
いる。金融機関が企業の収益力やキャッシュフローを重視していなかったと
いうことは、日頃から企業の業績悪化について関心が高くないことを意味し
ていた。そのため、企業が金融機関の側から示唆や指摘を受けても、経営改
善に向けた努力が行われることは少なかった。結果、傷が深くなった最悪の
事態にならない限り、財務の再構築や事業の再構築すなわちリストラクチャ
リングが行われず、気づいた時には事業や企業の再生には遅きに失し、損害
も甚大になってしまっていた。早期事業再生ができなかったのである。

　これからの金融機関には、不動産の担保価値ばかりを追うのではなく、事
業を見る目を養うようにして、事業価値を前提とした融資を行うように期待
するところである。

2　手形不渡りと倒産
―資金繰り倒産

　日本ほど商取引に「約束手形」を愛用している国は世界中どこにもないよ
うである。ところが、その約束手形制度もそろそろ終盤となってきており、
政府は2026（令和8）年には紙の約束手形の利用を廃止する予定である。
もっとも、約束手形の利用が廃止されるまでは、依然として、約束手形が特
に中小企業において多用される可能性は残っている。そのため、この記述が
約束手形についての最後の説明になるかもしれないが、触れておくことにす
る。

　そもそも日本で約束手形がこれほどまでに愛用されるようになったのは、
第二次世界大戦後のようである。約束手形は便利である。現在、お金が手元
にないとしても、約束手形用紙があり、それに金額、支払日を決めて記載
し、自社の記名押印をして相手に渡せば、相手は商品や製品を喜んで渡して
くれる。現金がなくても手元の手形用紙で物が買えるのである。

製品や商品を売った方も、原材料などの仕入資金を支払うために自分が振り出した手形を決済したり、従業員の賃金や給料を支払ったりするために、資金を調達しなければならないから、受領した手形の現金化を図る必要性が出てくる。そのために、自社の当座預金口座を開設している銀行に対し取引先から受領した手形を提出して、銀行から現金を調達する。このとき、銀行は、銀行に手形が提出された日から支払期日までの利息を差し引いた代金で、つまりディスカウントした代金で、手形を取得する。これが手形割引である。手形割引の法的性質は手形という担保付きの金銭消費貸借契約、あるいは解除条件付きの手形の売買であるとされており、手形の不渡りが起こると、前者の考え方であれば手形割引を受けた者は期限の利益を喪失し、後者の考え方であれば解除条件の成就により手形割引を受けた者には手形を買い戻す義務が発生する。この手形割引は銀行などの金融機関の重要な商売であった。金融機関で割り引いてもらえない手形は街の金融業者が割り引いてくれた。また銀行に信用がない小規模事業者は高利の金融業者で割り引くしかなかった。

　銀行などが加盟している手形交換所は、手形の信用性を高めて、銀行などが安心して手形を割り引けるように、「手形交換所規則」を定め「手形不渡り」制度を設けた。一回の手形不渡りでは警告処分が出され、それから6か月以内に再び手形を不渡りにしたときは、銀行取引停止処分とされる。この銀行取引停止処分とは、手形交換所加盟銀行は銀行取引停止処分を受けた企業とは2年間、信用取引をしてはならないという制度である。銀行取引停止処分を受けた企業は、銀行との間で信用取引ができなくなるだけだから普通預金は禁止されないが、銀行から融資を受けられなくなるうえに、当座取引ができなくなるから手形・小切手を発行できなくなる。手形や小切手を発行できなくなるということは、取引業界で一人前に扱ってもらえないということを意味し、いわばビジネスからの「退場」を意味する。

　こうして銀行などの金融機関の団体が、法律ではない手形交換所規則によって、金融機関の大切な商売である手形割引を安心して行える仕組みを作ったのである。もちろん、理論的には手形交換所が決めた統一手形用紙な

ど使わずに、手形法や小切手法に定める様式の私的な手形を作って振り出すことは可能であり、過去にはそのような手形を金融業者が作成して、裁判所に支払を請求していた事例等もあり、新聞を賑わした。ただし、一般論からすると、銀行に当座預金口座を開いて交付を受ける統一手形用紙による手形でなければ、流通性のある手形として認められず誰も受け取ってくれない。このような手形制度と土地価格の値上がりという土地神話が相まって、第二次世界大戦後の日本の高度成長が実現されたといえよう。

　その反面で、この手形制度が存在するがゆえに、日本における倒産が他国と比べて独特の性質をもつこととなったことも否定できない。手形を利用しない一般の商取引であれば、代金の支払が滞ったり遅くなったりすると、取引業者は警戒するようになって次第に離れていく。売掛金の支払は商取引を行った1か月後であることもままある。ところが手形決済の場合は資金繰りが楽でなくなると、振出日から支払期日までの期間をそれまでは3か月先であった手形のサイトを6か月先に延ばすことによって、資金繰りの猶予を作ることができてしまう。その後その企業が不渡り事故を起こすと、手形の受取人は3か月分、1か月に1枚の手形であるのが通常であるから3枚の手形が不渡りとなる。しかし、それが6か月サイトとなると6枚の手形の不渡りとなる。それに加えていまだ手形を受け取っていない売掛金が1か月分あるから、いっぺんに7か月分の売掛金が引っ掛かってしまう。手形振出人に不渡り事故が起こると、手形の受取人は、すでに取引先の銀行に手形割引により手形を買い取ってもらっていたとしても、期日未到来分も含めて、裏書人として手形全部を買い戻さなければならない義務が発生する。そうすると、手形の受取人もこの買戻しの義務に加えて、自分が振り出した手形の支払義務が合わせて押し寄せてきて、一気に資金不足に陥る。手形の受取人の倒産という二次破綻が発生する。

　最近はあまり聞かないが「融通手形」が流行ったことがあった。売上げが少ないと取引先からもらえる手形が少ない。そこで知人の会社に手形を振り出してもらって、それを売掛金や請負代金の支払のために受け取った手形と装って、銀行で割り引いて現金化して運転資金に使う。手形を借りた先には

自分の会社で振り出した手形を渡しておき、手形を貸した方もその手形を自分の取引銀行で割り引いて現金化する。2つの手形の支払期日は同じ日とされており、それぞれ交換所経由で無事に決済されれば何事も起きない。しかし、こういう手形を貸し借りするのは資金繰りが苦しい者同士である。どちらか一方に破綻が訪れると共倒れになる。何人かの違う相手と手形を融通しあっていることが稀でないから連鎖倒産が広がった。

　日本の倒産の特徴として、諸外国の同じ規模の会社の倒産と比べて、倒産時の負債額が多いこと、その負債の中でも無担保債権額が多いことがあげられる。それは手形を前提とした取引があるからであり、手形による負債が雪だるま式で溜まり、破産時に一気にその根雪が溶けて巨額の負債が判明するのである。

　なお、こうした倒産による被害を緩和するために、中小企業信用保険法（1950〔昭和25〕年）は「倒産関連保証制度」を設けて、取引先の倒産によって回収が難しくなった債権などについて、信用保証協会の保証付きの融資を受けやすくしているし（セーフティネット保証制度）、中小企業倒産防止共済制度（経営セーフティ共済）は取引先が倒産した場合に、ある程度の融資を受けられるような共済制度を設けている。

　ところで前述したように、政府は2026年には紙の約束手形の利用廃止を金融機関に要請している。統計によれば2021（令和3）年の手形交換高は122兆円であり5年前より7割減少したとのことである。印紙税や管理コストがかかるため、大企業は手形を使いたがらない。紙の手形に代わるものとして、金融機関は電子記録債権（電子手形）の利用を促しており、これを仲介する「でんさいネット」の利用は増えてきている。キャッシュレスの時代へと変化していく途上にあるといえようが、紙の手形を急になくせば中小企業の資金繰りに大きな影響を与えるのではないかなど不安も大きい。

　手形取引が減少すると、中小企業は、手形割引の代わりに「売掛債権」を担保に運転資金を借りることになるが、そのためもあってか、2001（平成13）年の中小企業信用保険法の改正により、信用保証協会の保証で売掛債権を担保に中小企業が金融機関から融資を受けられやすくする「売掛債権担保

融資保証制度」が設けられた。

　もう一つよく利用されているのが、ファクタリング制度である。売掛債権を一括してファクタリング会社に売却し、ファクタリング会社が直接に売掛金の支払を受ける。動産及び債権の譲渡の対抗要件に関する民法の特例等に関する法律（動産・債権譲渡特例法）によって、いちいち売掛先に債権を譲渡したことを内容証明郵便で通知しなくとも、電子的な登記で債権譲渡の対抗要件具備ができるようになった。対抗要件が具備されれば、同じ物（債権）について売主が二重に売買をしたとしても、先に対抗要件を備えた買主が自分の買ったものだと主張できることとなる。これによって債権譲渡担保やファクタリング取引、後述の流動資産担保融資・ABLなどがやりやすくなった。

3　中小企業の「ゾンビ企業」化

　倒産予備軍と呼ばれることもある地方の中小企業・小規模事業者の問題は、長年の懸案事項である。1990年代のバブル崩壊のあと、地方銀行の不良債権問題が深刻化したが、その不良債権には地方の中小企業への貸出も大きな割合を占めていたと思われる。その後2008（平成20）年のリーマンショックで不良債権問題は再度クローズアップされ、最近ではコロナ禍での融資について不良債権化が懸念されている。倒産予備軍とされる地方の中小企業の問題点の一つは、企業の利益を生む源泉となるコア部門そのものが弱い、あるいは特定できないことがあることである。収益性がない事業に固執しているのである。事業再生においては、窮境に至った企業を構成しているさまざまな事業を合理化して、利益の出るコア部門の事業に技術、労働力、資金を集中すること、その選択と集中の方針のもと、これまで赤字を垂れ流していたノンコア部門を切り離して、その部門は廃業や譲渡することが不可欠ある。

　ところが地方の中小企業では、従来主力であったはずのコア部門の技術や商品自体が陳腐化して人気が落ちており、存続しても収益性を回復して再建できる状況には到底ないために困っているということをしばしば耳にする。

このような企業がいわばゾンビ化した企業として生き残っている話は、地方に行けば山ほどある。地方の銀行としても、ゾンビ化した企業が地元の名門企業であれば、多数の従業員の雇用（失業）の問題をどう解決するか、地域活性化の観点からこのままにする方がよいのではないか（先送り）、再生計画を立てて債権放棄をしようものなら地元のほかの企業も貸金返還をストップするのではないか（モラルハザードの問題）、そして何より銀行自体が地元から反発を食らうのではないか（レピュテーション）などの問題から、大なたを振るって抜本解決をすることに躊躇を覚えて、根雪のように長年の不良債権が溜まってきている。

　特に最近のコロナ禍で、事態はますます悪化しているようである。中小企業のコロナ倒産を防止すべく、政府の方針のもとで政府系金融機関や民間金融機関を通じた融資が実行されたが、融資を受けた中にはそもそもコロナ禍以前から過剰債務と収益力の減退によりすでにゾンビ企業と化していた企業も多数混在している。実際にも民間信用機関によると、収益が悪化したため金融機関からの返済を猶予して延命しているゾンビ企業が2020年度は16万5,000社と推計され、前年度から13％増加したと報道している（帝国データバンク2022年7月27日報道。ここでは、ゾンビ企業の定義を、国際決済銀行の定義を採用して「3年以上にわたってインタレスト・カバレッジ・レイシオ（ICR）が1未満であり、かつ設立10年以上」と定義している。ICRが1未満ということは、支払利息の額よりも営業利益等の額が低いことを示している。）。つまり元利金の返済をストップし、そのために資金繰りがまわって生き延びている企業である。そのような企業のバランスシートは、当該コロナ禍においてさまざまな特別な融資を受けており、ますます貸借対照表上の負債の金額が過大となっている反面、返済原資となるべき売上げはコロナの影響で減少している。このような企業は、例えていうと、筋肉質で元気な若者（企業）が、食糧難（売上減）で徐々にやせ細っていき、今にも死にそうな状況となったが、たまたま近くの病院で点滴（コロナ融資）を受けることができて、かろうじて生命維持を図っている状況である。したがって、金融機関からの新たな融資が受けられなくなり、むしろこれまでの貸金の返済を迫られた段階におい

て、事業を再生するだけの余力があるといえるかについては難しい話となる。

4 政府による事業再生への関与が強い —IRCJ、ETIC、REVIC、中小企業活性化協議会など

日本の倒産、特に事業再生についての大きな特徴は、政府による事業再生への手厚い関与である。筆者は、コロナ禍においても米国において開催されたABI（American Bankruptcy Institute）と倒産裁判官の合同のシンポジウムやブラジルの国営銀行主催のシンポジウム等に招待され、日本代表としてビデオ会議で参加した。筆者が招待された趣旨は、日本における政府の機構を使った事業再生の方法や実情を知りたいということであった。世界銀行は、毎年、世界各国の法制度の効率性等を評価して、ランク付けし、公表している。これは『Doing Business』と呼ばれており、日本は、破綻処理の項目においては、ここ数年常に世界トップ3にランクインし、Doing Businessランキングで2018年と2019年は1位、2020年は3位となった。世界中が日本の倒産制度に注目しているといっても過言ではない。

このような日本における事業再生への官の関与が本格的に始まったのは、2003年5月、産業再生機構（IRCJ）が設立されてからであった。IRCJは、政府と金融機関から出資を受けた官製ファンドとしてダイエー、カネボウ、ミサワホーム、大京、三井鉱山などの41の企業グループの再生を支援して、2007年に当初予定より1年早く解散した。その後も官製ファンドとして、地域の中堅企業や中小企業の事業再生を支援する目的で企業再生支援機構（ETIC）が2009年に設立され、当時窮境に陥った日本航空の大型再建に関与するなどの役割を果たした。

ETICは、2013年に商号を変更して地域経済活性化支援機構（REVIC）となって、地域金融機関と協働して組成したファンドに出資したり、その運営に関与したりすることで地域の再生に貢献している。また事業再生支援や事業の承継・譲渡・廃業を支援し経営者個人の保証債務の整理を一体で行う再チャレンジ支援（特定支援）や金融機関への専門家派遣等を行ってきた。こ

の再生支援については2019（平成31）年2月末日現在で約110件であり、そのうち95件は地域密着型の事業者であった。再チャレンジ支援（特定支援）については、2018（平成30）年12月末現在で89件あり廃業支援が割合的には大きかった。

　REVICによる事業再生への政府関与については、大きな変遷を経験した。REVICは、当初は、金融機関が持ち込んだ窮境企業の再建を行ってきた。金融機関も監督官庁である金融庁が関与しているREVICへ、自行が取引していて不良債権化した案件を持ち込むことを好んだ。このようにREVICの再建案件は順調に増えていったが、これが行き過ぎると今度は「官による民間の圧迫である」、「民間の事業再生ファンドが育たない」との批判が社会から出てきた。そのため、2019年頃には個別企業への再生支援を事実上凍結した時期もあった。

　ところが、コロナ禍となり民間事業、特に中小企業について売上げの減少等の事態が発生したことから、今度は官による事業再生への関与の重要性が再度確認されることとなり、2020（令和2）年5月の閣議決定により、REVICによる個別企業のへの関与が復活し、今後の活躍が期待されている状況にある。

　また2003（平成15）年、各都道府県に中小企業再生支援協議会（2022年4月より中小企業活性化協議会に改組）が設けられ、それに併せて各地の商工会議所等と地方の銀行が協力して、地域再生ファンドが設立された。企業再生について専門的な知識経験を有する弁護士、公認会計士、税理士、中小企業診断士、金融機関OBなどが常駐して、窮境にある中小企業の相談にのって企業再生の支援を行ってきた。業務を開始した2003年以降2021（令和3）年3月末までの間に、相談件数累計は4万9,000件以上、そのうち企業の再生計画の策定支援が完了したのは1万5,000件以上であると報告されており、その盛況ぶりがうかがえる。特にコロナ禍の2020年4月から2022年3月までは、資金繰り支援のために特別な制度（新型コロナウイルス感染症特例リスケジュール）を実施していた。

第 **5** 節

事業再生をめぐる現在までの状況

1 間接金融から直接金融へ

　間接金融とは銀行などの金融機関が、預金者となる一般大衆から集めた資金などを原資として企業などに金を貸すことをいう。直接金融とは、会社が株式や社債を発行して、証券会社などを通して、市場から直接に資金を調達することをいう。日本の金融は長い間、間接金融が中心であったが、今では社債発行による資金調達が飛躍的に増えており、2021（令和3）年に発行した社債総額は31兆円、発行残高は82兆円となり過去最高となったとのことである。最近ではマイナス金利の影響で個人投資家向け社債も発行されている。評判のよい優良企業ほど直接金融によって有利に安い金利で大量の資金を調達できる。それでも、米国などと比べると小規模であり、対GDP比で比べても低い（米国45％、日本15％）。

　債券には、国や地方自治体が発行する公債（国債や地方債）と民間企業が発行する社債（電力債、一般事業債、銀行債など）があるが、社債は原則として有価証券報告書を財務局に提出して企業内容を開示するとともに、格付機関の格付けを取得することが不可欠である。格付機関は法人としての債務履行能力や個別の債務（社債、ローン、CPなど）を約定どおりに確実に履行できるかを等級で表示していく。例えば社債に関する「目論見書」には、起債会社（社債を発行する会社）の事業内容や経営状態などが書かれている。格付機関は、起債会社の現在の財務内容から債務償還能力を確認し、また将来の企業収益から債務償還の確実性を評価するなど、収益と財務体質を分析して信用リスクや回収リスクを評価して、投資適格を判定し、その安全度に応じた格付けを行っている。

　世界的には米国のムーディーズ、スタンダード・アンド・プアーズ

（S&P）、フィッチの３社が有名であり、日本には格付投資情報センター（R&I）と日本格付研究所（JCR）の２社がある。格付けの名称や区分は各社によって異なるが、一般に最も安全なAAAから、投資対象としては不適格であることを示すBB、さらには投機対象とされるC格などの段階がある。シングルB格以下はハイリスク・ハイリターン商品であり、元利金返済の可能性が高くないとされる債券として、一般投資家向きではないジャンク・ボンドとされる。もっとも、機関投資家にとってはリターンの高い投資対象であるとされることもあれば投機の対象とされることもある。格付機関は発行会社の財務情報や証券化した資産の現状を調べて、必要に応じて格付けを変更して公表している。

　格付機関とその格付けの信頼性については問題がないわけではない。格付会社の情報を、金科玉条のように全面的に頼ることにも危険はあるということである。2008（平成20）年に発生したリーマンショックは、米国のリーマン・ブラザーズの突然の倒産により、世界各地にあるリーマン・ブラザーズのグループ会社がデフォルトを起こしたことから世界的な経済パニックが起こり、それから数年間にわたって世界経済が深い傷を負った事件であった。この米国のリーマン・ブラザーズの投資適格は、倒産直前までAという高評価を維持していたことから、そのような格付けを維持していた格付機関の信頼性は大いに失われた。

　とはいっても、投資対象を評価する仕組みとしての企業の過去・現在・将来の実績を分析する格付機関の仕組み自体は、投資家にとっては必要不可欠であることに変わりがない。

2　収益性を重視した融資への転換

　不動産担保においては不動産の価値を最重視して、その価値を基礎に不動産の評価額の七掛け（70％）というように融資額が決められていた。このような融資とは違って、融資先の収益性を重視して融資することは以前から重要であるとされてきた。典型的な方法はプロジェクト・ファイナンス、つまり特定の「事業」に対する融資である。日本の銀行は1980年代から海外にお

けるプロジェクト・ファイナンスに積極的に参加していたが、国内の案件は
それほど多くなかった。日本において記憶に残る有名な案件としては、日本
興業銀行（のちのみずほコーポレート銀行）、三井住友銀行、日本政策投資銀
行などが、2000（平成12）年頃に実施したユニバーサル・スタジオ・ジャパ
ン（USJ）に対する融資が知られている。

　特定の企業や保証人などの信用力をあてにしないで、事業計画それ自体の
収益計画を検討して、計画に価値が見出せれば計画達成に必要となる事業資
金を貸し出すし、企業からの返済もその特定の事業の収入のみを財源とす
る。USJは、一つの遊園地の所有と経営だけを目的として設立された特別目
的会社（special purpose company：SPC）により運営されている。

　プロジェクト・ファイナンスの場合、その特定事業用資産の全部が根こそ
ぎ担保の対象とされる。USJの場合、遊園地の土地、建物、遊技施設、機械
設備、車両運搬具はもとより、カートや掃除道具に至るまでの動産だけでな
く、知的財産権も対象とされており、入場料等の売上金収入とそれを入金す
る銀行預金もロック・アカウント（locked accounts）として担保の対象とさ
れている。売上金収入は日常の運転資金にも使われるので、何日間いくらま
で口座に置かなければならないなどの取り決めをして、期間を限って拘束さ
れるようである。

　こうしてすべての事業用の資産が担保に入っているうえに、銀行は定期的
に当該事業をモニタリングしており、事業の収益性に問題が生じたときに
は、それに対応した経営改善策を取るように勧告し、場合によっては経営陣
の更迭を含めた抜本的な対策を取ることも示唆する。そして、それでも改善
の見込みがないときは、早めに担保権による圧力を行使して、特別目的会社
または事業そのものを譲渡させることにより、融資の回収のための措置を講
ずる。

　また、特定事業だけのSPCを組成しないで、他の業務も営む企業の中で、
特定事業に対するプロジェクト・ファイナンスを行う場合には、融資対象で
ある特定事業以外の事業収益を財源とする返済をあてにしていないという意
味で、ノンリコース・ローン（non-recourse loan）またはリミテッド・リコー

ス・ローン（limited recourse loan）となっているのが通常である。もっと分かりやすくいえば、保証人などを付けることを要求せず、事業の収益力以外は保証人の返済能力などはあてにしない取引であり、当該特定事業についてのモニタリングが不可欠となる。

3　中小企業の目利きを重視した企業再生

　金融検査マニュアル（正式名称は「預金等受入金融機関に係る検査マニュアル」）が2019（令和元）年12月に廃止された。金融庁は1999年、金融検査マニュアルを作成して、それに基づき厳格な形式基準に基づき資産査定を柱とする事後チェックを重視した銀行検査を行ってきた。当時は大量の不良債権があり、それを引当の積み増し、債権カットや債権売却等を行って短期間に処理する目的があり、銀行の貸借対照表の改善が急務であった背景がある。

　このような銀行検査についての金融庁の方針は当然監督を受ける全国の金融機関の融資方針にも大きな影響を与えてきた。銀行はいうなれば「このマニュアルに記載のないことはしない、マニュアルに記載のあることだけを行う」というような対応を取った。銀行員は机に座っての作業が中心となり、取引先等への訪問、そこでの相談や調査、あるいは調子がよくなくなった企業の相談にのっていくという地道な作業を怠ることも多くなってきたと当時はいわれていた。事業性の位置づけが低くなりコンサルティング機能が衰えてきたのであった。

　金融庁は、2017（平成29）年、「金融検査・監督の考え方と進め方（検査・監督基本方針）（案）」を公表して、過剰な規制や介入により市場を歪めたことや金融機関の創意工夫を不必要に制限した等の反省に基づき金融検査マニュアルを廃止する予定であることを宣言した。すでに金融機関の不良債権処理が一段落して、むしろ事業会社に対するコンサルティング機能が重視されるべきであるとの判断である。そして、金融庁は2019年12月、宣言どおり金融検査マニュアルを廃止し、同時に「検査マニュアル廃止後の融資に関する検査・監督の考え方と進め方」を公表して、新方針に基づき検査監督を実行している。過度に詳細なルールによる監督ではなく最低基準の遵守状況を

確認し、同基準を満たしていないのであれば改善に向けた監督・対話を行い、さらにベスト・プラクティスの追求に向けた探究型対話を行うというものである。

　この金融庁の新方針への変更により、金融機関には、金融仲介機能の発揮が求められるのであり、上記の対話との関係では、例えば業績の悪化した地元のコア企業に対して積極的に金融支援していく方針が営業現場でどう実現され顧客に付加価値を提供しているかを把握することで金融機関のガバナンス状況について対話することが考えられている。前提となるのは各金融機関が各々の実情に即して与信先の「収益力」や「返済能力」を検討してそれに見合った融資をすること、特に償却や引当の見積手法を多様化していくことである。これまで多くの金融機関では、マニュアル重視であり、企業の成長力を見る力、稼ぐ力を見る力がそれぞれの行員のノウハウとして十分に蓄積されていなかったとの反省もあるが、今後は、企業の将来見通しをより的確に引当に反映できるような工夫が求められている。

4　企業財産全部を対象にした包括的な担保制度

　前述した世界銀行において法制度の効率性等をランキングする『Doing Business 2020』であるが、投資環境について日本は94位と振るわない。その理由の一つとしてあげられているのが、担保制度の整備が十分でないことであるという。日本の所有権留保や占有改定による対抗要件具備などは「隠れた担保」と呼ばれることもあり、登記制度を信頼して登記を実行した者に優先する場合もある。登記を信頼できないのでは、融資を行う者は事前に担保対象に対する調査を十分に行わなければならず、それでは海外からの投資家は尻込みしてしまう。投資に適した担保法制の構築については今後も議論が続くところであろう。ここでは日本において事業と関係する担保をどのように構築してきたかを概観する。

　企業や事業の財産を、各財産に個別に担保権を一つひとつ設定するのではなく、一括して担保に入れることができれば、融資をする立場の金融機関からすれば便利である。このような制度は、プロジェクト・ファイナンスや企

業の事業の収益力に着目した融資のためには便利である。1905（明治38）年に工場抵当法ができたのをはじめとして、鉱業財団、鉄道財団、軌道財団、運河財団、漁業財団、港湾事業財団、道路交通事業財団、観光施設財団などの「財団抵当」の法律が次々とできた。工場抵当法は工場ごとに、その他の各種財団抵当法はそれぞれの事業財団ごとに、その土地、建物、機械、器具などの物についての物的設備に対する所有権や地上権などの物的権利や特許権などの工業所有権を、一個の不動産のように一括して財団として登記して担保権の登記ができるようにした制度である。

　1958（昭和33）年にできた企業担保法は、不動産だけでなく、商品や原材料などの棚卸資産や債権一般も含む総財産を対象としたが、暖簾（のれん）やノウハウなどは含まれていなかった。担保付社債の担保対象としてだけ使われるものである。

　民法が定める約定担保権として融資に使われるものには抵当権と質権がある。抵当権は不動産について設定されるものであるが、融資をする銀行や投資家からすれば個別に担保権設定するのがわずらわしいという側面がある。

　質権には主として動産質と債権質があるが、動産質は債権者に質物を渡さなければならず、その点が不便なので企業に対する金融の担保としては使われない。機械を買うためにお金を借りたのに、その機械を融資先に預けなければならないとすると、お金を借りて機械を買った意味がないからである。債権質についても、質権を設定するためには、質権の対象となる債権の債務者である売掛先に通知をする必要がある。これでは自分が資金繰りに困っていることを自白するようなものであり、売掛先である得意先の信用が失われて取引が停止する可能性もある。企業間の担保としては使い難い担保制度といえる。

　そこで、民法上の規定はないものの、企業間の合意のもとで使われるようになったのが譲渡担保である。機械などの動産の所有権を融資先である債権者に譲渡するが、その機械自体はそのまま手元において貸してもらったことにして使わせてもらうのである。とりわけ、企業が倉庫や工場にある製品や商品や原材料や仕掛品などの棚卸資産を全部一括して譲渡担保に供する場合

のように、目的物が絶えず入れ替わることによって変動するような譲渡担保を「集合動産譲渡担保」という。このように目的物が日々変動する集合物については、適当な公示の方法がないにもかかわらず、一般の債権者に対して優先的に主張できることが判例で認められてきた。

　もっとも、民法上、動産の譲渡の第三者対抗要件は「引渡し」であり、それは可視化できないものであったため、後日、紛争になるおそれがあった。このような紛争のおそれを極力解消し、動産を活用した企業の資金調達の円滑化を図るため、前述した動産・債権譲渡特例法によって動産についても登記制度が創設された。

　譲渡人が法人の場合に限られるが、動産譲渡登記をすれば取引が可視化されて取引の安全にも資するわけである。動産については、動産の種類や特質を特定すればよいので、例えば工場に設置してある機械の種類や製造番号で特定ができる。また、倉庫に保管され、絶えず入れ替わって変動する集合動産であっても、動産の種類（商品カテゴリー等）や保管場所（XX倉庫内等）の特定、さらに「今後同所に搬入される同種の物件一切」のような量的特定をすることができれば、担保の対象として特定できる。機械設備、什器備品はもとより原材料、仕掛品、完成商品などの営業用動産の全部を一括して、債権者に譲渡する方法によって担保に入れ、登記所の動産譲渡登記ファイルに記録（登記）するという簡単な方法によって、公示して第三者に対する対抗要件も備えて、担保権者としての優先権を主張することができるようになった。

　これによって、不動産ではなく、企業の重要な資産であるものの担保化が困難であった動産を担保化する道が開かれて、流動資産担保融資（ABL）が盛んとなったことは前述したとおりである。

　また、消費者に対する売掛債権やリース債権、クレジット債権のように提携的かつ大量に発生する債権については、それを一括して担保に入れることができれば、債権者にとっても債務者（売掛金の債権者やリース業者等）にとっても至便である。もっとも、債務者たる法人が多数の債権を一括して担保に入れるような場合には、第三債務者（売掛金の債務者やリース債務者等）

も多数に及ぶであろう。このときすべての第三債務者に民法所定の通知をしなければならないとすると、債務者に手続や費用の面で大きな負担をかけることになる。そこで、債権譲渡（譲渡担保）においても、前述した動産・債権譲渡特例法により創設された登記制度を利用するのである。これも、法人が債権を譲渡（債権譲渡担保の設定）する場合に限られるが、登記所の債権譲渡登記ファイルに一括して記録（登記）すれば、売掛先である第三債務者への通知を個別に行わなくても売掛債権の譲渡（譲渡担保の設定）を受けたことを第三者に主張できる。売掛金の債権者やリース債権者が債権を二重、三重に他者に譲渡したとしても、譲受人として最初に登記された者が優先するわけである。この制度では、取引先である第三債務者に担保を明らかにせずに、つまり取引先の信用を毀損することなく登記を設定して担保の対象とできることにメリットがある。加えて、将来発生する売掛債権等をその総額を決めずに、また譲渡債権の個別の債務者名を特定しないで、一括して債権者に譲渡して担保に入れて、同じく債権譲渡登記ファイルに記録して対抗要件を具備することも可能となっている。将来発生する債権を一括して譲渡担保にすることができる。もっとも、実際に第三債務者から取り立てる段階では、売掛先である第三債務者への対抗要件として、依然として債務者（譲渡債権の債権者）からの通知または債権を譲り受けた者からの登記事項証明書の交付を伴う債権譲渡通知が必要となる。

　さらに、現在担保法の分野では、上記の『Doing Business』に触発されたためか、大きな動きが始まっている。金融庁は、2023年2月、金融審議会「事業性に着目した融資実務を支える制度のあり方等に関するワーキング・グループ」の報告書を公表して、無形資産も含む事業全体に対する包括的担保の創設、信託法理の利用、対抗要件の整備、簡易な担保権の実行手続、DIPファイナンスも既存担保に優先する担保の設定（米国のプライミングリーエンのようなもの）などを提言している。このような提言が実現すれば、金融機関としても、取引先企業を一体としてあるいは特定の事業に着目して、包括的に担保を設定することが格段に容易となり、企業の収益やキャッシュフローに着目したプロジェクト・ファイナンスやシンジケート・ローンも組

みやすくなるであろう。海外からの投資も呼び込みやすくなる。最近では、事業承継が注目されているが、事業承継においても包括的担保の制度があれば、承継先への移譲がより容易になる。日本の担保法制を大きく変える可能性がある包括担保制度の議論の進展を見守りたい。

5　シンジケート・ローン

　シンジケート・ローン（略してシ・ローン）も現在の金融を知るためのキーワードの一つである。シンジケート・ローンは複数の金融機関が一団を形成して多額の融資を実行することであるが、過去のメインバンクを中心とした協調融資とは異なり、与信先のキャッシュフローや収益性に着目した融資が実行される。与信先企業から依頼を受けた単体または複数の金融機関がアレンジャーとなって与信先と金額・金利・期間等の条件について交渉し、シンジゲート団に参加する金融機関を募り、シンジケート・ローンを組成して融資を行う。この場合、アレンジャーとは別の金融機関がリードバンクとなりシンジゲート団の金融機関を代表してアレンジャーと交渉し、シンジケートの内容を調整することもある。もちろんアレンジャーとリードバンクが同一の金融機関である場合もある。シンジゲート・ローンであればメインバンク一行の貸付けと異なり、与信先もメインバンクの規模による与信限度額から解放されて、多数の参加金融機関が集まったシンジゲート団からより大きな金額を借り入れることも可能となる。メインバンクとしても自行のみが負担していた貸付先への信用リスクをシンジゲート団全体で分散できることになる。

　アレンジャーはのちに述べる「財務制限条項」に基づいて融資実行後も与信先企業の営業状況や財務内容に関する情報を収集して、参加金融機関に対して伝達する。業績やキャッシュフローなどが悪化して財務制限条項に違反する（コベナンツにヒットする）事態が起きると、対策を協議するために参加金融機関の集会を招集して主宰する。つまりシンジゲート・ローンにおいては、アレンジャーは、従来のメインバンクとは異なり、与信先との密接な関係に基づいて融資するのではなく、融資する金融機関の団体を組成し、与信

先の情報収集を行い、それを参加金融機関に伝達する労を取るのである。

　参加金融機関の中にはアレンジャーから伝達される情報などを参考にして、債権を売却することもある。ポートフォリオ（投資先や与信先が特定の分野に偏らずに危険が分散されるように配慮する必要がある）の内容が全体としてバランスの取れた状態となっていることに配慮した行動であり、債権の売却代金を他の投資に振り向けることになる。さらにはBIS規制に合わせて銀行自身の自己資本比率を高める必要から、銀行資産のうち問題ローン債権などを売却して、資産内容を改善するために売却することもある。

　なお関連して、日本ローン債権市場協会（JSLA）という団体があり、ローン債権（貸付金）の流動性を高め、ローン・シンジケーションやローン債権売買を行うセカンダリー市場の健全な成長を目的としている。事業再生と関係している不良債権もセカンダリー市場で売却されるのが予定されている債権であり、そのためにもセカンダリー市場の発展は急務であるが、なかなか日本では成長しきれていない現状がある。

6　財務制限条項（コベナンツ）とモニタリング

　融資契約書に記載されている財務制限条項すなわちコベナンツには、債務者が守らなければならないさまざまな義務が定められている。ある程度以上の自己資本や自己資本比率が求められ、売上高や利益、キャッシュフロー、EBITDAを従前どおりに確保していくこと、「デット・サービス・カバレッジ・レシオ（DSCR）」（借金返済能力を示す比率）や、「インタレスト・カバレッジ・レシオ（ICR）」（利息支払能力を示す指標）などを含めた健全な財務比率を維持しなければならないことなどである。ネガティブコベナンツという不作為義務も規定してあり、例えば債権者の承諾なく新たな融資を受けることを禁止したり、新たな担保の設定に債権者の承諾が必要であるとしたりする条項などが典型である。債務者にコベナンツに定める条項に反する（コベナンツにヒットする）事由が発生した場合には、期限の利益を失わせて（失期させて）残額すべてについての返済期限を即座に到来させることで、回収のための措置が進められることになる。

また財務制限条項とは異なるが、融資契約書には、債権者に対して定期的に財務諸表などを提出して情報を提供する報告義務も含まれており、債権者は、債務者から報告を受けて定期的に債務者企業の収益性やキャッシュフローをモニタリングし、財務内容や収益性に問題が生じてコベナンツに定める数値や比率を維持できなくなったときは、その程度に応じて、失期させるのではなく追加担保の提供や金利の値上げが求めて融資を維持することもある。

　コベナンツが緩和されることもある。法的倒産手続が開始された企業にDIPファイナンスを供与する場合などには、コベナンツを厳しくすると再建途上の不安定な経営環境のもとでコベナンツ違反に該当する事由が容易に発生するおそれもある。そのような事態に陥った場合には、コベナンツ違反を理由に失期させて債務者に全額の一時払いを求めようにも、再生途上にある企業には到底そのような返済余力はない。ひるがえって考えると、厳格なコベナンツに頼った融資をするのではなく、むしろ融資後に不断のモニタリングを行い、債務者の再生を絶えず監視して、返済を滞りなく行わせることがよいのである。

7　メインバンクシステムの終焉とコロナ禍での復権

　過去の話となってしまったが、1990年代、処理しても処理しても上積みされる根雪のような不良債権が発生した。その原因の一端が当時のメインバンクシステムにあったといってもよいのではなかろうか。

　日本独特のメインバンクシステムは、終身雇用制とともに第二次世界大戦後の日本経済成長の柱であった。日本の企業が成長期に入り、資金が乏しい中で継続して資金を供給してくれたのはメインバンクであり、それにより高度経済成長が実現された。貸付先の企業にはメインバンクの役職員が出向してきたり、その後に転籍してきたりして、企業はメインバンクと良好な関係を維持してきた。

　ところが、この密接な関係を通り越して癒着した関係となったときに、メインバンクシステムの弊害が表面化した。メインバンクとなった銀行は、与

信先への貸付債権が焦げ付いており、不良債権となっているにもかかわらず、臭い物に蓋をして追加融資を重ね、結果的に不良債権を上乗せして泥沼にはまり込んだ。元本ばかりか、わずかな金利の支払の原資さえ窮している与信先に追加融資を実行して約定どおりの元利金を支払わせ、実際には支払が延滞しているにもかかわらず、表面上は何ら問題がないように糊塗したのであった。バブル崩壊後の不正融資事件としては、1997年に経営破綻した北海道拓殖銀行（拓銀）のケースが有名であり、不正な追加融資を行った銀行の役員は刑事事件や民事事件の当事者となった。このようなことは何も拓銀だけのことではあるまい。

　2000（平成12）年頃から、日本のメインバンクシステムが債権者と債務者との利益相反に当たるのではとの懸念が噴出してきて、銀行も与信先との距離を適性に保つようになっていった。その後、金融機関は金融庁の作成した金融検査マニュアル等に則った対応を与信先である債務者向けに行ってきたが、弊害もあり、金融検査マニュアルが2019（令和元）年12月には廃止されたことは前述したとおりである。

　他方でコロナ禍となると、政府の中小企業対策のもと、中小企業は政府系金融機関や民間金融機関からの緊急の運転資金の融資を受けて救われてきた。今後はその融資を返済していくことになるが、その体力のない中小企業が続出して、返済が滞って不良債権化するおそれがある。返済を行いつつ事業存続を図る必要が出てきている。そのとき、このような中小企業の存続を維持し、事業の再編や再建、返済方針等について指導をする能力があるのは第一次的には地元のメインバンクである。その意味でメインバンクの役割が重要となり、復権してくることとなる。

　メインバンクは与信先と密接なコンタクトを保ち、何か問題が発生した場合には事業の再編・再生に早期に着手することが肝要となる。ここでメインバンクが緊急融資等の返済ができずに資金繰りに窮した与信先である中小企業を放置し、金融機関がコンサルティング機能を発揮しないようなことがあれば、中小企業は再生への足がかりとなる身近な相談相手がいないこととなり、廃業や破産・清算へと進む可能性がある。金融機関が、与信先の早期の

事業再生に向けて準備しておくことが今ほど必要とされる時期はないのである。

第 **2** 章

事業再生の手法とそのツール

事業再生の手法

1 事業の買収M&Aの手法

　日本でもM&Aによる企業や事業の買収が盛んである。企業全体を取得するときは、大量の株式を市場または相対で取引して取得し、ターゲット企業の支配権を取得する。競合他社を買収して規模を拡大してグローバルでの業界内の競争に立ち向かう場合、自社の不得意な分野を自前で育てていくとなると時間がかかるので、それを得意とする会社を買収して時間を節約する場合、関連事業との相乗効果（シナジー効果）を狙い企業を多角化していく場合など、さまざま理由からM&Aが行われている。

　日本でも事業承継が注目されている。功成り名遂げたあと、老齢となり経営意欲を失いつつある現オーナー経営者が引退して、現経営陣の一員である取締役を後継者として支配株を譲る。そのように現経営陣が会社の株式を買い取り、今度は自分たちで経営を行っていく目的で行われるのがマネージメント・バイアウト（management buyout：MBO）、幹部職員などの従業員が買い取るのがエンプロイー・バイアウト（employee buyout：EBO）である。バイアウトというのは企業の買収とか株の買い占めを意味する。雇われ社長や職員では資金が乏しいこともあるので、後述するファンドが資金の大きな部分を提供して共同で買収することもある。例えばファンドが90％の株式を買収して、現取締役の数名が自分の貯蓄を拠出して10％の株式を取得して会社の経営を担当する。買い取った現取締役が株主となることで、主体的に経営を改善していき、その会社の事業価値を高めたあとに、株式が上場されれば、ファンドは取得した90％の株式を高く売って投資利益を回収できる。株式を上場することつまり公開することをIPO（initial public offering）という。

　事業再生の局面において筆者が経験したマネージメント・バイアウトの例

であるが、民事再生手続に入った企業に外部のスポンサーが見つからず、代表取締役も高齢で経営の意欲をなくしていたところ、取締役が数名集まって資金を拠出し、再生会社のオーナーとなったものがある。このような再生会社は債務超過状態にあり、株式の経済的な価格は本来であればゼロに近いであろうが、他方で会社の運転資金として余裕が出る程度の金額を出資しないと事業再生はできない。そのようなときにファンドの協力があればありがたい。ちなみに事業再生から離れた通常のM&Aにおいて現取締役が買い付ける場合、その取締役は受任者の立場から善管注意義務を負う一方、他方で、自社の株式を買い付ける立場にも立つことから、株式買取価格は公正でなければ後日株価の不正操作を理由として裁判が起こされることもある（最近では、下着メーカーのシャルレの創業者一族によるMBO）。

LBOと呼ばれている買収方法もある。レバレッジド・バイ・アウト（leveraged buyout）の略した呼び方である。ターゲット企業がその全資産を担保に融資を受ければ、貸借対照表上、資本に対する負債の比率が高くなり、それだけ株式（エクイティ）の部分が少なくなるので、支配権を取得するための買収資金が少なくて済むことになる。こういうLBOによる買収は1990年代後半以降、現在にいたるまで発展してきている。ターゲットとなる会社を担保にして、借金をてこ（梃子、レバレッジ）にして少ない資金で大きな企業を買う手法である（最近では、イーロン・マスク氏によるTwitterの買収）。小が大を飲み込む手法であるが、買収後には買収資金等の返済が当該企業（通常はその後に両企業は合併する）に重い負担として残ることになる。しっかり利益をあげて借金を返済できる企業でないと、買収後に倒産の危険を抱え込む。

2　事業再生にM&Aは有効

事業再生の早道は何といってもM&Aである。再生が必要となる企業そのもの、または企業が営む事業価値の高い事業の全部または一部を、さまざまな手段を使って売却または買収することによって行われる。

M&Aは、企業が営む事業の全部または一部を取得するために行われるも

のであるが、これまで長い間、属人的と思われていた事業を、工場や事業所の設備などのハードだけでなく、従業員やノウハウなどともに譲渡するのであるから、極めて合理的な経済行動であり、最近ではコロナ禍においても選択と集中のかけ声のもとでますます活発になっている。

　これまでも、例えば日本の会社更生手続において典型的に行われた手法は、更生計画において現株主の株式を100％減資し、新株をスポンサー（買収者）に発行することで会社のオーナーを総入れ替えすること、つまりM&Aであった。会社再建の早道は経営者を変えることである。また、経営陣の首をすげ替えるだけでなく、新しい株主（スポンサー）のもとで、スポンサー企業のグループ会社のメンバーとなって再建することが、相乗効果も相まって早期の再生に資することも多い。スポンサーが、困った会社を救済するための篤志家として登場していると思われたのは過去のことであり、経営破綻に陥った企業を買収して事業を再生することで、スポンサー企業そのものビジネスをより拡大させることになる。

　事業を活性化するためには、選択と集中によりコア事業に集中する一方、ノンコア事業を売却するか閉鎖して清算し、コア事業の競争力を維持し強化する事業再構築計画を作成することが必要である。その事業再構築を実行するためには追加で投資が必要であることはもちろんであるが、そのためには将来のキャッシュフローから勘案して相応な金額まで有利子負債を債権放棄等で圧縮することを内容とする財務再構築計画や新たな出資を含む資本再編計画を立てる必要がある。

　新たな出資や貸付けのためには、当該企業や事業の買い手であるスポンサーの存在が不可欠である。現にスポンサーが営んでいる事業とのシナジー効果を期待できる企業や新たにその分野に進出しようとするほかの企業であってもよいし、その事業を買って経営改善により事業価値を高めて転売して差益を獲得しようとするファンドであってもよい。そうした売買がM&Aである。

　M&Aにはいろいろな方法がある。前述したのは会社の支配株を取得してから事業や財務の再構築すなわちリストラクチャリングを行って事業を再生

させる方法であった。そのほかにも、事業再生のための選択と集中の一環として事業の一部を切り出す会社分割をして、分割会社の支配株式を取得する手法、事業の全部または一部を第三者に譲渡する手法などさまざまなものがある。

　前述したように、M&Aは事業拡大などさまざまな目的のために行われ、事業再生を目的にしたものはそのうちの一部であるが、2020（令和２）年以降のコロナ禍の影響を受けて、最近では日本企業の選択と集中の傾向がとりわけ強まり、非中核事業や不採算事業の売却が進んでいるようである。特に海外における子会社や事業等の売却が目立っているという特徴もあり、2021（令和３）年のM&A件数（適時開示ベース）は877件であり、リーマンショック後で最大となり活況を呈しているという（M&A Online 2021年１月18日号）。M&Aの増加は世界の潮流であり、コロナ禍といえども企業の再編はより一層進み、効率化ができない事業や企業は、再編やM&Aというフィルターを通した再建が今後も進んでいくことになる。

3　M&Aのアドバイザーとスポンサー入札の方法

　M&Aの相手方である買い手を探すのは容易ではない。かつて会社更生事件においては、申立て直後にベテラン弁護士が保全管理人に選任されたが、申立て直後の混乱を収拾して営業を安定させるだけではなく、開始決定を出すための事実上の要件ともいえるスポンサーを探すのが重要な役割であった。昔の会社更生事件では、このときに広い範囲でスポンサー候補者を探せるようビジネスの世界にもさまざまなコネクションがある顔の広い弁護士が有能な弁護士として尊重された。

　しかし、バブルが崩壊した1990年代の中盤頃からは様相がまったく変化し、スポンサー候補者として多数のファンドや競合他社が自然と集まってくるようになった。更生会社が、立派な技術や得意先をもっている場合には、そのような多数のスポンサー候補者の格好のターゲットとなった。そのため、スポンサー候補者から会社更生に最も適したスポンサーを選ぶために、オークションにかけて入札（ビッド）で買主を決めることが行われてきてい

る。複数の買い手候補者が存在して競争状態にあることで、更生会社の再建に望ましいスポンサーを選びやすい状況となった。候補者が一本に絞られると、当該候補者は他の候補者がいないことを奇貨として、あれこれと新たな条件や難題を出してくるものであり、売主がそれから防衛に走っても遅きに失して有利なことは何にもない。液晶事業の不振から経営が危機に陥ったシャープの買収劇でも、早々と買い手が決まったことから、その後にいろいろ売り手側に不利な条件が出されたとの新聞報道を記憶している（ただしその後シャープは立派に立ち直ったと報道されている）。スポンサー候補者を広く募り、競争させることがポイントである。

多数のスポンサー候補者を競わせるためには、日頃からさまざまな企業の情報を収集しているファイナンシャル・アドバイザー（FA）を起用して、候補者選びを任せることが通常である。野村証券、大和証券、みずほ証券、ゴールドマンサックス、モルガンスタンレー、バンク・オブ・アメリカ・メリルリンチといった証券会社や投資銀行などが、M&AのためのFA業務を営んでいる。

売主側のFAは、売主側企業の企業情報をまとめたインフォーメーション・パッケージを作成する。そのうえで買収に興味を示した企業との間で秘密保持契約を締結し、知り得た情報を漏洩せず他の目的のために利用しないことを約束させたうえで、買収候補者側で依頼した弁護士や公認会計士など関係者にデュー・ディリジェンス（DD）を実施させて、買収金額やその他の諸条件を提示させる。買収候補者側も専門家をFAに頼んで調査や交渉を行うわけである。以前は売り手側のFAが指定した日時に、指定された場所に赴いてDDを実行していたので、競争相手が多ければ順番待ちとなることもあった。最近ではインターネット上のFA指定のウェブサイトから売り手の企業情報を取得するバーチャルDDが一般的になってきており、そのため情報の収集と検討に時間を十分に取れるようになってきた。

入札は通常2段階に分かれており、最初の入札は、1次入札（ビッド）と呼ばれ、数十社程度からピックアップした若干多めの数の買収候補者に企業情報を開示して買収価格や条件を提示させる。その後、その中から買収候補

者を2社程度まで絞り込み、2次入札（ビッド）を行う。2次入札では、会社の機密情報を含んだより詳細な売主の秘密情報を提示し、また売主側の取締役にマネージメント・インタビューを行って文字からは現れてこない生の情報を尋ねる。そのうえで、買収価格と買収における条件であるプロポーザルが提示される。

事業再生の局面においては、M&Aのプロポーザルの中に、どのようにして買収企業を再建していくかの手法を記載することは必須である。事業の再構築についての具体的な手法（従業員等の処遇を含む）、投資金額、債権者への債権放棄や後述する債務の株式化（debt equity swap：DES［デッド・エクイティ・スワップ］）を求める金額等が記載されることになる。

この事業再生におけるM&Aの入札によるスポンサー選定の正当性については、民事再生や会社更生のような法的手続はもとより、事業再生ADR等の準則型再建手続においても債権者から厳しく確認を求められ、正当性がない場合には再建計画自体に対して債権者の賛成が得られず頓挫することも考えられる。

この正当性を担保するためには、前述したとおり、スポンサー選定における二重の基準を採用する旨の提案がある。窮境にある企業を魅力のある企業と魅力の乏しい企業の2つに分ける。このうち魅力の乏しい企業や事業については、入札を実行しようにも、買収候補者が誰もいない、あるいは一社のみ出てきたが競争相手となる候補者が出てこない事態もままある。地方の中小企業にはこのような例も多いであろう。このような場合には、雇用の維持や地方の経済の活性化のためにも、何とか一つでも出てきた候補者に買ってもらってそこでシナジー効果を期待して再建をしてもらうことが望ましい。この場合のスポンサー選定や入札において問題とされる公正性や経済合理性は緩めに判断されるべきである。他方で、魅力的な会社には、スポンサー候補者は引きも切らず、日本からばかりではなく中国や欧米からもファンドや競合他社など多数の入札参加者がいる。このような入札においては、入札手続の公正性・透明性を確保し、入札の内容についても経済合理性のもとで判断を厳格に行って、その買収の正当性を判断してくことで、スポンサー選定

の正当性を獲得することとなる。

4　事業譲渡と会社分割

M&Aの手法もさまざまなバリエーションがあるが、事業再生では事業譲渡と会社分割がよく利用される。事業譲渡とは、会社が事業の全部または重要な一部を他人に譲渡する取引である。会社が所有している不動産を他者に売却するときのように、会社が所有している財産を部分的に譲渡することは、通常の事業活動でも頻繁に行われている。事業譲渡は、こうした財産や権利・義務関係の譲渡を、事業の全部あるいは重要部分について一括して行う点に特徴がある。他方で会社分割とは、会社が、ある事業に関して有する権利・義務の全部または一部を他人に包括的に承継させることである。承継会社は、契約書に記載された内容に従い、分割会社の債務や契約上の地位を引き継ぐこととなる。

このような事業譲渡と会社分割は、会社の事業やその権利・義務を他人が引き継ぐ点で経済的には類似している。ただし違いもあり、それが事業譲渡か会社分割が選択されるポイントとなる。まず承継する範囲が違う。会社分割では、承継会社が分割会社の債務や権利義務関係を包括して承継するのが原則であるが、事業譲渡の場合には、譲受会社が譲渡会社の債務や権利関係を引き継ぐことが当然となるわけではない。譲受会社が譲渡会社の権利・義務関係等を引き継ぐには、当事者間や利害関係ある第三者の別個の合意が必要である。例えば、譲渡会社とその従業員との雇用契約は当然には承継されないので、譲受会社が従業員を引き継ぐには個別の合意が必要である。不動産の賃貸借契約や業務で必要となる許認可等も同様である。この点は面倒であるようにも見えるが、他方で譲受会社は、契約書に定めのない債務は引き継がない。だから簿外債務を承継するリスクもない。

一方、会社分割では包括承継となり、分割対象となる事業に専ら従事している労働者（主従事労働者）との契約関係等は当然に承継される。他方で分割会社が承継会社に承継される財産や債権・債務関係を恣意的に選択すると、分割会社の財産関係が変動し債権者を平等に保護できなくなる危険があ

る。そのため、会社法は債権者異議手続を設けて、一定の要件を充たした分割会社の債権者が異議を述べた場合には弁済等を行うこととし、債権者の平等を確保している。過去、事業再生の場面で、会社分割を濫用して分割会社の債権者の配当率が不当に低くなるなどの弊害が生じたことから、会社法に新設された規定である。

事業再生計画立案とアドバイザー

　事業再生計画が、ビジネスのリストラクチャリングすなわち事業再構築に関する計画と、過剰な負債を減らして適正規模の借金とする財務のリストラクチャリングすなわち財務再構築に関する計画とから構成されることは、この本の最初で説明した。ここでは、その具体的な内容を基礎的な部分に絞って説明する。

1　事業再構築計画の立案

　事業再生計画立案のためには、まず事業再構築計画を作らなければならない。そのためには、経済や経営、事業に精通した専門家の助力を得る必要がある。経営者は、専門家の知見を借りつつ、現在及び将来の市場や需給動向などを調査して分析したうえで、現に営んでいる事業のうち存続させるものと譲渡、閉鎖、清算するものを特定する。コアとなる事業とノンコア（非コア）事業を切り分けてコア事業に資金と人材を集中して事業の再生を図るのである。そのためには事業のデュー・ディリジェンス（DD）を財務・法務・ビジネス（事業）等の分野で徹底して行い、SWOT分析、すなわち現に行っている事業の強み・弱み・機会・脅威（strength, weakness, opportunity, threat）を調べて分析し、存続させるべきコア部門の事業の業界における競争力を維持強化するにはどうしたらよいかの事業戦略を再構築して、これに基づく事業再構築計画を立てて、追加投資のためのニューマネーが再生のどの段階でどの程度必要かを含めて検討する。

　もちろん計画の変更は朝令暮改となることもありうる。こと事業再生においては、当初のシナリオどおりに進むものではなく、当初の計画とは違うかたちで再生することもままある話である。事業再生は、再生途上の状況の変化に応じて、適時に計画を修正しつつやり遂げるのである。といっても最初

の設計図がなければいつどこでどういう修正をすべきかを決められない。計画どおりにいかないことを前提としつつも、当初の段階から詳細な設計図（再生計画）を作ることをおろそかにしてはならない。

　事業の再構築の専門家としては、マッキンゼー・アンド・カンパニー、ベイン・アンド・カンパニー、A.T.カーニー、ボストンコンサルティンググループ、ブーズアレンハミルトン（日産の支援）、アーサー・D・リトル、アクセンチュア、ローランド・ベルガー、アビーム、CDI、ドリームインキュベーター、経営共創基盤、インテグラルなどが知られている。これらのコンサルティング会社は、優良会社の新規プロジェクト立ち上げや経営改善の立案や助言もするが、窮境企業の事業再構築についてもアドバイスしているのである。

2　財務再構築計画の立案

　事業再構築計画の立案作業を進める一方で、財務のDDを徹底して行い、過去と現在の財務内容や損益の状況を明らかにして、現状から将来予測を行っていく。減損会計や過去の暖簾（のれん）の適正性も改めて確認するなどして資産内容をできるだけ正確に把握する。事業再構築計画を前提としてDCF法、EBITDA倍率法や純資産法などを併用して企業価値EVや事業価値を算出する。そのうえで有利子負債の金額をどの程度まで圧縮すれば再建できるかを検討する。負債を圧縮する方法には債権放棄、後述する債務の株式化（debt equity swap：DES）、債権の劣後化（debt debt swap：DDS）による繰延支払などがあり、その中から最適な方法を選択する。

　また事業再構築に必要な金額を算出し、増資の必要性、出資額や方法等を検討する。この段階で発行する新株は優先株であることが多いが、優先株の中身もさまざまであり、さらに優先株を普通株へ転換する権利の内容についても、いろいろな設計が可能である。窮境にある企業から普通の会社に復権するために資本と負債の額を決めて、適正な資本構成を行う。こうした財務の再構築計画を作るためにも専門知識を有するアドバイザーが必要である。アドバイザーが財務のDDとビジネス（事業）のDDを行うことを兼ねること

もあり、DDの結果も踏まえた実際の最新の数値に基づき財務再構築の計画案を作成することが多い。

　証券会社や銀行の投資銀行部門系のアドバイザーもいれば、監査法人系であるPwCアドバイザリー、デロイトトーマツFAS（ファイナンシャル・アドバイザリー・サービス）、KPMG FAS、EYストラテジー・アンド・コンサルティングなどの会社や公認会計士のグループが、これらのアドバイザリー・サービスを提供している。個々の不動産資産の価値評価のためには不動産鑑定士の力を借りる。

　事業と財務に関係するDDや事業再構築計画や財務再構築計画の立案は、密接な連携のもとに並行して行われるが、事業と財務の専門家のどちらかがイニシアティブを取って行われることが多いし、法律だけでなく事業や財務にもある程度は素養がある弁護士が中心となって統括することもある。

　M&Aを行うにあたって行われる法務DDでは、各種契約書や議事録・稟議書や権利関係書類などを点検して、法務面から事業承継や営業継続に支障がないかどうか、何らかの問題があるとしてどのようにして解決するのが相当か、係属中案件も含んだ未解決または将来発生するおそれがある法律上の紛争についての解決の見込み、偶発債務発生のおそれやその見込額などを調査する。コンプライアンス違反や法令違反行為があったかどうかなども重要な関心事である。短期間に膨大な資料にあたって集中的に調査しなければならないので、多数の弁護士を擁した大手法律事務所がこれらの業務を引き受けているのが実情である。例えば日本航空の再建にあっては、大手法律事務所が1か月間で60人程度の弁護士をあてて法務DDを行ったといわれており、このことからも、大がかりな法務DDを行うには、かなり大規模な法律事務所に依頼する必要があることが分かる。

　そのうえで、最終的に、事業と財務のリストラクチャリング・プランを総合した事業再生計画案を作成することになるが、どのような方法・手法で事業再生を実行するかも決めるので、この段階でもやはり事業再生に精通した弁護士やコンサルタントの参加が不可欠である。さらには完成した事業再生計画案に基づき、金融機関を含む債権者などの利害関係人と交渉して同意を

得るためにも、経験豊かな弁護士やコンサルタントの関与が必要となる。百
戦錬磨の手強い債権者多数と対峙して、合理性をもって納得させるだけの説
得力と力量がものをいう。

第3節

ファイナンスの各種の手法

1 DIPとDIPファイナンスは米国発祥

DIPファイナンスとは、倒産企業に対する新規の融資のことである。読者の中には、「倒産した企業に新規に融資するなんて狂気の沙汰である」と思われるかもしれないが、DIPファイナンスも立派な融資事業として米国や日本で頻繁に行われている。「DIP」とはDebtor in Possessionの略であり、米国連邦倒産法第11章手続、通称チャプター・イレブン手続において使われている用語である。日本語訳として以前は「占有を継続する債務者」という言葉があてられたこともあったが定着せず、現在ではDIP（ディップ）といえば業界人の間では分かる。日本においても民事再生手続がDIP型と呼ばれるようになってから、一気にこの言葉が定着した。

米国ではチャプター・イレブン手続が始まっても、日本の会社更生とは違って「管財人」が選任されず、それまでの経営者が会社の経営を続ける。管財人が選任されるということは、再建手続の申立てをすることは会社経営者が自分の首を切ってくれといって差し出すことと同じである。そうすると再建手続の申立てを躊躇することになり、そのために手遅れになってしまうことになりかねない。そこで経営者が地位を失わないことを原則とすることで、再建手続の申立てをしやすくしたのである（経営者が無能なときや詐欺など違法行為を行っていた場合には、管財人を選任できる）。2001年頃に開始された大型倒産事件であるエンロン事件は、粉飾決算が発端となってチャプター・イレブン手続が申し立てられ、当時ニューヨークの法律事務所に勤務していた筆者も関与したが、この大型事件でも管財人は選任されず、また同時期に申立てがあったワールドコム事件でも、架空売上げ計上が発覚して「調査員」（examiner）は選任されたが、管財人は選任されなかった。

しかし、そのことは経営陣の更迭がなかったことを意味するものではなく、ある程度以上の規模の事件ではほとんどの場合に、倒産に責任のある経営陣はすでに退陣しており、後述するターンアラウンド・マネージャーと呼ばれる再建の専門家が新CEOなどに選任されるなどして、経営者は交代することになる。

　日本のDIPファイナンスの起源となっている米国における実務では、チャプター・イレブン手続の申立て後に、申立企業に対しニューマネーを融資する。1980年代の前半からチェース・マンハッタンやシティ・バンクがビジネスとしてこの仕事を始めたとのことである。当時、DIPファイナンスの利率は年利で200％を超えていたとの話も聞いたことがあるが、それでも融資を受ける必要がある企業が存在したということであろう。もちろん、最近ではそのような暴利の話を聞くことはまったくなくなった。

　米国連邦倒産法では、裁判所の許可があると、再建手続開始後の新融資のための貸金債権には「超」優先共益債権（super priority）としての優先性が与えられる。日本でも民事再生の開始決定後に負担した債務は共益債権となり、開始決定前に負担した再生債権とはまったく異なる優先的な取扱いがなされることとなるが、米国では倒産裁判所の許可があると共益債権（administrative expense）の中でも最優先の債権として保護されるのである。それだけでなく、プライミング・リーエン（priming lien）という既存の担保権に優先する担保権の設定が許される。日本で現在金融庁が中心となって日本の法制度の中に企業の包括担保制度を充実させようとしていることは前述したが、その制度において参照とされているのがこの米国連邦倒産法のプライミング・リーエンの制度なのである。

　さらにニューマネーの関係で説明を続けると、チャプター・イレブン手続開始後に取得した財産は、旧債の担保にはできないのが原則であるはずだが、米国ではニューマネーを融資する条件として、この財産をニューマネーだけでなく旧債の担保とすること、あるいはニューマネーの一部を手続開始前の債務の弁済に充てることを内容とする「相互乗り入れ」（cross collateralization）を行うことがある（かつて議論があったようであるが、現在では当然の

制度として認められている）。倒産事件が多発するニューヨーク南部地区倒産裁判所のローカルルールなどではこの相互乗り入れについて規律している。これは、相互乗り入れを一刀両断に切り捨てるのではなく、このような融資形態を必要性の観点から認めるが規律もするというプラグマティックな態度であろう。

　そもそもこのようなDIPファイナンスが米国で認められたのは、浮動担保（floating charge）の制度によって、原材料・仕掛品・製品・商品などの動産や、入金口座に保管されている売掛金など受取勘定債権等の資産の全部を担保の対象となるからであろう。企業の資産のほとんどすべてが担保に入っており、しかも再建手続開始後に担保物から生じた換価物、産物、果実、利益等や担保物の賃料等も担保の対象とされていることから、ニューマネーの融資がないと途端に資金繰りに窮することになる。これらの担保となっている動産や債権は、事業を継続することによってその価値を維持増大させることができるので、事業継続のために必要なニューマネーの融資のために優先する担保権を設定することには合理性があることになる。

　そのような次第で、米国ではチャプター・イレブン手続の申立て前に、金融機関からDIPファイナンスを受ける枠を決め、その融資を受ける約束を取り付けておき、申立ての直後に倒産裁判所から融資を受ける許可（First Day Order）を受けるのが当たり前となっている。実際には手続開始前に融資をした担保債権者がDIPファイナンスの供与者となることが多い。新しく登場するDIPファイナンサーに優先担保権を付けられてしまうのを避けるためである。これをディフェンシブ型DIPファイナンスと呼ぶ。これに対して新しく登場したDIPファイナンサーが新規に融資するタイプをオフェンシブ型と呼ぶ。

　こうして米国ではDIPファイナンスは回収が確実で利益が得られるビジネスとされている。大企業についてチャプター・イレブンの申立てがあったことが報道されるときは、どの金融機関がいくらの枠のDIPファイナンスを供給することを約束しているかも一緒に報道されるのが普通である。十分な運転資金が用意されているので、事業継続に支障がないことを取引先も含めて

一般に知らせて信用を維持することで、商取引を円滑に進行させて、事業価値の毀損を最小限度にとどめることを狙ったものである。

2　日本のDIPファイナンス

　日本におけるDIPファイナンスは、2000（平成12）年に施行された民事再生法とほぼ同時に発達した。民事再生、会社更生などの再建型倒産手続の申立てをした企業に対する新たな融資を、すでに米国で定着した用語を借用してDIPファイナンスと呼んでいる。日本のDIPファイナンスは、民事再生や会社更生において共益債権となり、手続期間中においても、再生計画等に関係なく、当初の約定どおりに随時に弁済される性質をもつ。また、その後不幸にして民事再生から破産に移行しても財団債権として保護されることとなるなど手厚い保護がされている。

　また金融機関が、法的な倒産の申立てをする前の段階で、例えば準則型私的整理手続である事業再生ADRの手続期間中において、運転資金の救済の観点から新たな融資を実行する場合があり、それを「プレ··DIPファイナンス（プレDIP）」と呼んでいる。

　DIPファイナンスがなかった時代はどうだったのであろうと疑問に思う読者もいると思う。その時代においても、現在と同様に、窮境にある企業がニューマネーを運転資金として借り入れて、倒産申立て後の企業を経営していかなければならない事態は常にあった。そのため、かつての会社更生事件では、実は申立会社のメインバンクが開始決定後の資金需要を支えていた。会社更生の申立てがあると、申立てを受けた裁判所は会社更生手続を維持できる程のキャッシュフローが企業にあるのかを事前に厳しく問い、申立て後6か月程度の資金計画を提出させて資金がまわるかを確認していた。工場や倉庫の維持、原材料の購入をはじめとする運転資金、従業員の給料等がきちんと払っていけるかを、裁判所が厳しくチェックしていたのであった。そこで、裁判所はメインバンクの担当役員を呼び出して、会社更生開始後の資金融資が確実に行われることについて担当裁判官から確認することもあった。もちろんそのような場合には、メディアに気づかれないようにするために、

メインバンクの役員は夜分に裁判所に呼び出されて、裁判所通用門を通って秘密裏に裁判官と面接していた。このように、メインバンクの協力によって、会社更生手続中に必要な資金が当面は準備されていたのであった。

2000年に民事再生が開始したころに、奇しくもメインバンク制度も立ち行かなくなったことは前述した。そのため、DIPファイナンスが倒産申立てをした債務者企業にとって重要なニューマネーの供給先となった。債務者企業としても、DIPファイナンスの供与を受けるということは、DIPファイナンサーである金融機関がバックについたということで、取引先に対する信用補完が図られる一面ももっている。

民事再生や会社更生では、手続開始の申立てから開始決定までの間に負担した債務は裁判所の許可を得ていれば共益債権とされ（なお、保全管理人が借り入れた債務は裁判所の許可がなくとも共益債権とされる）、開始決定後に負担した新債務は当然に共益債権と扱われて、旧債とは異なる優先的取扱いを受けることになる。

他方で、手続開始申立て後ではあるが手続開始前にDIPファイナンスを受けるとすれば、それは当然には共益債権とならず、共益債権化には裁判所の許可が新たに必要である。裁判所の許可が後日取得できるかどうかが不確実である時期にDIPファイナンスを提供するのは、金融機関にとって無用なリスクである。前述した米国での実務のように再建の相互乗り入れ（cross collateralization）に制度を使ってDIPファイナンスによって既存債権の弁済が予定されているなら別であろうが、日本にはこのような制度はない。

DIPファイナンスで担保を徴求した場合に、担保取得が倒産法によって否認されるかという問題もある。窮境にある企業に実施した新たな与信に基づく担保取得について、同時交換的行為であれば否認されないが、既存債権を被担保債権に含めると危機時期に担保を取得したこととなり否認されるおそれが出てくる。

実務上は、民事再生や会社更生を申し立てた企業は、即時に資金難に陥らず、開始決定まで持ち堪えられるキャッシュフローが用意されていなければならない。過去には資金繰りのために、例えば取引金融機関にそれと悟られ

ないように預金の払戻しを受け、それまで取引がないために旧債と相殺されるおそれが少ない他の金融機関に別の名義で口座を作り、そこに当座の資金を集中して運転資金を捻出するなどの策略を用いたこともあった。従来の取引金融機関の裏をかいて預金を降ろしてしまうのである。これは倒産専門弁護士のノウハウの一つとされているが、このような奇策に頼らなければならないのは好ましいことではない。

　そこで、裁判所もこの問題も勘案し、DIPファイナンスの共益債権化の不確実性に対応できるように、手続申立てから開始決定までの期間をできるだけ短くする努力をしている。実際にも、東京地方裁判所の民事再生事件の運用でも、債務者による手続申立てから開始決定までの期間が1週間以内であることが通常であるし、特別な事情があればさらに短縮するように対処している。特に金融機関の倒産や大規模企業の事件では、申立てから開始決定が1日という短期間であったこともある。

　ところで、DIPファイナンスを受ける時期よりもさらに早い時期にファイナンスが必要となることがある。準則型私的整理である事業再生ADR手続中において、運転資金等が枯渇して手続が進行しないで破産に陥るおそれがある場合である。そこで、このような場合には、対象債権者である金融機関全員の了解を得て、ニューマネーの融資を受けることが必要となる。これは、民事再生などの法的再建手続申立てに入る手前の融資ということでプレDIPファイナンスと呼ばれている。

　プレDIPファイナンサーは、対象債権者との間で債権者間契約を締結して、プレDIPファイナンスの返済が既存の債務の返済よりも最優先であることを確保してから融資が行われる。しかし事業再生ADRにおいて再生計画案に対象債権者の全員の同意が得られないなどの理由からADR手続が頓挫して、その後、法的手続である民事再生など倒産手続に移行した場合には、プレDIPファイナンスが共益債権（民事再生・会社更生）や財団債権（破産）として取り扱われるとは規定されていない。民事再生や会社更生手続の申立て「前」の借入金は、法文上は共益債権として許可できる対象とすらなっていないわけである。もっとも、プレDIPファイナンスの保護については、民事

再生手続中に、裁判所による和解契約の許可や担保があれば別除権としての担保権の受戻し等で対応することも検討対象にはなるが、十分とはいえない場合もあろう。これではプレDIPファイナンサーは安心して融資をすることができない。

　そこで、事業再生ADR手続の根拠法である産業競争力強化法（産競法）において、事業再生ADR手続が頓挫して法的手続に移行したあとにもプレDIPファイナンスが優先性を維持できるような規定が設けられている。同法では、プレDIPファイナンスについて事業再生ADR手続の実施主体である認定認証解決事業者の「確認」を得た場合には、ADR手続から法的手続に移行した場合にも、法的手続における再生計画において優先的取扱いをすることを認めている。ただし、規定上は、債権者等の間に「差を設けても衡平を害しない」場合に当たるか否かを裁判所が「判断する」ものとされている。裁判所を拘束しないかたちでの書き振りであるが、裁判所が監督する法的倒産手続において、本来であれば再生（更生）債権として大幅カットの対象となる可能性のあるプレDIPファイナンスについて優先的取扱いを認めるように裁判所に要請している。同様の考慮規定は、準則型私的整理手続である中小企業活性化協議会の手続にも設けられている（産競法134条、56条3項）。

3　DIPファイアンスの担保や種類など

　DIPファイナンスにおいても担保があればそれに超したことはない。再建手続開始後に取得する新たな売掛金を将来債権として譲渡担保に入れたり、債務者の売掛金などの回収を行う口座をDIPファイナンサーである金融機関の口座に一本化して当該回収口座に質権設定契約を締結したりすることが考えられる。また集合動産譲渡担保の設定を、工場や倉庫に保管されている部品、原材料、仕掛品や在庫を対象として検討する。受取手形も担保となる。

　日本には、既存の担保権に優先するプライミング・リーンなどの制度はない。他方で、これからは日本でもプロジェクト・ファイナンスやシンジケート・ローンなど事業の収益力やキャッシュフローを重視した融資が主流になってきて、動産・債権譲渡特例法による登記制度のもと、集合債権や集合

動産の譲渡担保が今まで以上に活用されることになるだろうし、営業用財産全部を一括して担保に入れる包括担保がより多く活用される可能性がある。不動産抵当権が担保権の王様だった時代は終わり、浮動担保のような包括担保がより重要な役割を果たすようになる。そうすると、金融庁が現在検討しているとおり、将来的には日本でも、既存の担保権の担保物に付加価値を付けるニューマネーのために、既存の担保権に優先する担保権を設定することが現実化するかもしれない。

　DIPファイナンスは、時期や担い手によっていくつかに区分けができる。まずはファイナンスの時期による区分けがあり、再生手続申立てから再生計画認可までの期間に融資を受けるアーリーDIPファイナンスで運転資金の供与を受ける。その後、計画認可以降にレイターDIPファイナンスを実行することがあるが、そこでの重点は、運転資金を取得することではなく、工場を建設するなどの設備資金の供与を受けたり再建計画に基づく返済資金を借り入れたりすることに移る。さらに再生手続を終結させるためのEXITファイナンスを受けることができれば、再生計画に基づく長期分割弁済の代わりに計画を前倒しして一括弁済をすることができ、早期の事業計画の終結に向かっていくことができる。大きくいえば、アーリー・ステージのDIPファイナンスは、受取手形、売掛金等の集合債権や商品・製品等の集合動産などの担保物に着目した融資であり、その後のDIPファイナンスはよりキャッシュフローに重点が移された融資形態になる。

　また、DIPファイナンスの別な区分けとして、米国のDIPファイナンスで説明したオフェンシブ型とディフェンシブ型の2つのDIPファイナンスがある。前者は申立てまで債務者会社とまったく接点がなかった会社が、新たにファイナンスをするのであり、特にプライミング・リーエンの制度がある米国においては有効なファイナンスの手法である。後者はすでに申立てまでに債務者に融資をしてきた金融機関が、申立て後に再度融資を行うものであり、米国ではプライミング・リーエンを回避する手段としても行われるが、他方で既存の融資が再生債権となり再建計画に基づいてわずかな配当しかなされないことから、再度DIPファイナンスとして新規融資を行って優先性を

確保し、その融資の一部金を既存の融資の返済に充てることで既存融資の返済を再建計画によらずに受ける債権の相互乗り入れ（cross collateralization）手段として行われることもある。

日本においてもDIPファイナンスは浸透してきている。メガバンクでは三井住友銀行がDIPファイナンスに積極的であるし、日本政策投資銀行の資本の入ったゴードン・ブラザーズ・ジャパン、あおぞら銀行はじめ金融機関等においてDIPファイナンスへの関与を積極的に考えている。三井住友銀行の担当部によると、DIPファイナンスを実行した件数のうち半分以上がオフェンシブ型、つまり新規の顧客であるとのことであるが、これはメガバンクがDIPファイナンスを行うことについての安心感や豊富な経験による部分も大きいと思う。

なお、DIPファイナンスの確実な返済を確保するためには、DIPファイナンス後の債務者の与信管理は何よりも重要である。債務者のキャッシュフローについて定期的なモニタリングを励行することも必要である。またDIPファイナンスの融資契約に規定された財務制限条項・コベナンツに違反した場合には、直ちにバックアップシナリオを実行するように日頃から準備しておくことも欠かせない。そのためにはまずは、債務者からの情報開示を適時適切に受け取ることができる体制づくりにも配慮しなければならない。

4　流動資産担保融資（ABL）

金融機関から、運転資金や設備資金等を目的とした融資を受ける場合には、貸付金の担保となるのは、土地や建物、工場、倉庫などの不動産が主として担保となる。それに対してこの流動資産担保融資（asset backed lending：ABL）は、企業の売掛債権や在庫商品などの流動資産を担保とする点に特徴がある。主に企業の運転資金の調達を目的として融資を受ける場合が想定されており、上述したDIPファイナンスとの親和性も高い。

ABLによる融資の主体は、商社、リース会社、ゴードン・ブラザーズ・ジャパンをはじめとする専門業社などであるが、親会社が子会社に緊急の融資をする場合に行われることもある。

企業が保有する流動資産を担保とすることから、製造業や販売業など、売掛債権や在庫商品を多くもつ企業向けの融資制度といえる。このABLを実行するための前提として、担保とする流動資産の評価がしっかりできることである。以前はこのような資産評価が困難であったが最近では資産評価を得意とするゴードン社のような専門会社も活躍している。一例をあげると、流動資産であれば何でも担保としての適当なわけではなく、換金が可能なものである必要がある。その観点からは、仕掛品や小口の在庫や陳腐化した在庫は担保とすることが困難であろう。また売掛債権がある場合でも、相殺勘定の可能性がある債権、親子間の勘定債権、請求期間がすぎた請求などは担保とすることができない。もちろん、融資の出し手が銀行であれば、債務者の自行の口座を売掛金の回収口座として、すべての売掛金の支払をその口座に集めるように指導して、当該口座に預金質権を担保として設定することもできるであろう。

5　メザニンファイナンス

メザニンとは英語で中二階（mezzanine）という意味であり、シニアローン（返済順位が高く、ローリスクの債務）の借入れと、株式との中間に位置づけられる金融商品である。貸借対照表の負債の部に記載されている項目において、シニアローンは最優先の弁済を受けるが、弁済の順番や清算時の配当の順位ではシニアローンに劣後する劣後債をメザニンと呼ぶ。また貸借対照表の資本の部に記載される普通株式に対して、配当や残余財産の分配等で優先する優先株式もメザニンとなる。つまり貸借対照表で図式的に示すと、金融機関から通常受ける融資であるシニアローンと普通株式の間にある部分がメザニンと呼ばれる部分である（図4）。

劣後債によるメザニンファイナンスの典型は、債務者会社が自主再建を行う場合に、事業の収益から債務の回収を長期間かけて図りつつ、その間に債務者会社の経営をモニタリングしつつ経営改善や再生を指導していく場面での活用である。債権者である金融機関が、負債をてこ（梃子、レバレッジ）にして債務者の弁済を規律していくことが予定されていることからデットガ

[図4]　メザニンファイナンスの位置づけ

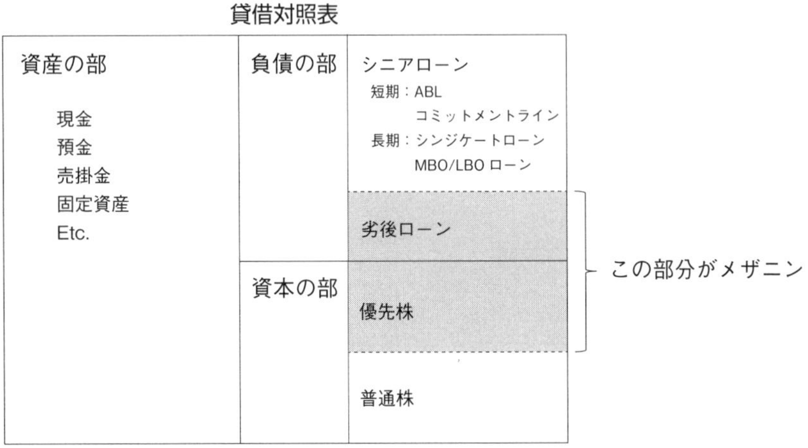

貸借対照表

資産の部	負債の部	シニアローン
現金 預金 売掛金 固定資産 Etc.		短期：ABL 　　　コミットメントライン 長期：シンジケートローン 　　　MBO/LBO ローン
		劣後ローン
	資本の部	優先株
		普通株

この部分がメザニン

バナンス（debt governance）と呼ばれる。

　他方で、優先株式によるメザニンファイナンスでは、企業の議決権比率を変えないで出資により資本増強が可能となる。債務者に真水が入る。債務者にとっては、普通株式への出資では躊躇される場合や、シニアローンでは調達できない資金を取得できるメリットがある。優先株式に投資した投資家も、債務者会社が再建された暁には、当該株式を高額で売却したりすることもできるし、あるいは株式の公開によってアップサイドを狙うことができるメリットがある。

　このようなメザニンの利用シーンは、例えば事業環境が大きく変わり一時的に事業が赤字となったような再生手続を必要とする一歩手前の状況を想定すると分かりやすい。レストラン事業を行っている企業が、新型コロナの蔓延により店舗休業を余儀なくされて資金繰り難に陥ったような場合には、優先株式や資本性劣後ローンで対応することで、企業が債務超過に陥らないように対処できる。

80　第2章　事業再生の手法とそのツール

第 **4** 節

DES（債務の株式化）とDDSの進展

1　なぜ、DESが使われるようになったか

　財務の再構築の関係から、企業に過大な借金があった場合、その有利子負債を削減することが必要な場合が多い。その場合に典型的なのは、債権者に対して債権を放棄してもらうよう要請することである。この債権放棄と併せて考慮されるのが、債務の株式化（debt equity swaps：DES［デッド・エクイティ・スワップ］）という手法であり、2002（平成14）年頃に、米国の倒産実務から紹介された手法ある。もちろんDESが単独で行われる事例もある。

　窮境企業の過剰債務問題を解決するためには、債務者を健全な状態に回復させるためには、その前提として債権者から債権放棄を十分に受ける必要がある。債権放棄を受けることで債務者の陥った債務超過状態が直ちに解消されるか、少なくとも近い将来において解消される程度に債務の圧縮がなされることが必要である。

　事業再生ADR手続においても、申請企業は債務超過を3年以内に解消することが求められているが、これまでの少なからぬ再生計画において、ADR手続の成立と同時に、またはその後の間もない時期に債務超過を解消することができる程度にまで債権放棄を受ける内容となっている。事業再生ADR手続による私的整理を行う会社は上場会社であることが多いため、将来の資金調達や会社の評価を落さないためには上場を維持する必要がある。そのためには債務超過を速やかに解消しておくことが望ましいからである。

　なお、2022（令和4）年4月から大幅な市場基準の見直しを行った東京証券取引所が定めた基準によると、上場維持基準に抵触し、改善期間内に改善が行われない場合には、上場廃止となるとされた。財産状態については、事

業年度末日における純資産が「正」であることが求められ、改善期間は原則１年とされている。ただし、法的整理や準則型私的整理により各手続の基準に適合している計画がある場合には、例外的に取引所が決めた期間内に改善することとされており、柔軟な対処が予定されている。

このような債権放棄による債務の圧縮と併せてDESを行うことは、債権者にとってもメリットがある。債権放棄によって債務超過が解消されれば、事業の再構築計画に基づき企業の収益力を回復することが主眼となり、収益力が回復すれば株主に対する配当が可能な状態となる。その際、債権者としては、せっかく多額の債権を放棄して再建に協力したのだから、その結果として発生した果実たる利益の配分にあずかるのが理にかなうということである。つまり、財務の再構築によって健全な財務内容になった企業が、事業の再構築により獲得した将来の利益（アップサイド）の分配を受ける権利をDESによる優先株を通して確保できるのである。

債務者企業としても、民事再生が施行された当初の頃は、再生計画においてDESを債権放棄と併せて規定する例が増加した。これは当時の東京地方裁判所で検査役の検査を簡単にしたこと、産業活力再生特別措置法（現在の産競法）による認定を受ければ登録免許税の減免を受けられ、検査役の検査を不要とされることになったことなどの影響である。

債権者である金融機関の担当者の視点からいえば、準則型私的整理にせよ法的整理にせよ、債権放棄について内部決裁を得るためには、債権放棄額以外にも当該金融機関の企業規模や利益状況、金融機関内部で当該融資を担当してきた関係者との調整などがありハードルは高いようである。そこで、金融支援を債権放棄に限定するのではなく、債権放棄額の一部をむしろDESにまわして株式を取得することで将来のアップサイドを取りにいくというアグレッシブな手法の方が、金融機関の同意を得るためには好ましい場合も多いようである。

２　DESの隆盛とその後の凋落

さて、民事再生にも多用されたDESであるが、その大部分は債権者の保有

する金銭債権を優先株式に変更するものであった。優先株式は、企業に利益があれば普通株式に優先して一定の配当をするものであるが、優先株式だとしても企業に配当可能な利益がなければ配当が受けられない。普通株式に対する配当がなくとも、企業に相応の利益があれば優先株式に対しては配当がなされることもある。また優先株式には議決権がないのが普通であるが、その場合でも予定した時期に優先配当が受けられないと、株主としての議決権を取得する。また、優先株式には、あらかじめ定められた時期が到来すると、普通株式と交換するように会社に請求することができる請求権付き、また所定の期限までに転換を請求しないときは強制的に普通株式に転換させられる条件付きの場合もある。これらのさまざまな条件を組み合わせて優先株式が発行される。

　DESにおいて、とにかく普通株式ではなく優先株式が利用されてきたのはなぜであろうか。

　第1の理由は、多額の債権を株式化して大量の普通株式を発行することにより、既存の発行済み普通株式が急激に希薄化して支配権が希薄化することを防ぐためであった。既存の金融債権がDESによって新株に変更され、巨額の貸付金に相等しい大量の新株が発行されると、既存の普通株式が急速に薄められる。新株主の大量参入によって既存株主の共有持分の割合が極端に小さくなってしまう。急激な希薄化により株式を通した会社の支配割合が大いに低下する。そういった事態を避けるために、直ちに普通株式には割り込まない優先株を発行するのである。優先株式も何年か先には普通株式に転換するものが多いが、その頃には業績回復により株価が上がって株式が売却されることが期待されているのである。

　第2の理由は、DESのために優先株式を使うのは、株式取得後しばらくは優先株式としての利益を享受しつつ保有を継続し、その後の業績の回復によって株価が上がってから普通株式に転換して、換金処分することで効率的にアップサイドを取ることができるためである。

　また数は多くなかったが、銀行などがDESで普通株式を取得することもある。その場合には事業再生ファンドに取得株式を現物出資し、ファンドに株

主としての議決権を行使させるなどの工夫をして、銀行法や独占禁止法が定めた制限の趣旨を逸脱しないようにしてきたといわれているが、この制限も以下に述べるように解決されてきている。

　第3に、以前は、DESを行う理由の一つに「5％ルール」の存在があった。一番大きな理由であったかもしれないが、今日では根拠は薄くなってきた。銀行などの金融機関が事業会社に支配介入し、公正な競争を制限することがないように、銀行などが事業会社の株式を保有することには銀行法や独占禁止法などで定められた制約であるが、議決権がない優先株式であればそうした支配介入のおそれがないので、株式保有制限の例外とされて5％ルールの適用が緩和されていたのであった。

　ところが、銀行法による5％ルール自体も変更されてきており、非上場でかつ民事再生法による再生計画認可決定を受けている会社等や、合理的な経営改善のための計画に基づき債務免除やDES等を予定している会社等の場合には5％を超える議決権を保有できるようになり、2019（令和元）年には地方創生、地方経済の活性化等の観点から窮境にある中小企業などをサポートしていくために議決権保有期間が5年から10年と延長され、さらに2021（令和3）年には地方産品の販売など地域経済に寄与する非上場企業に対しては、投資専門会社（あるいは特別な場合には銀行の直接の出資により）を通じて100％出資や保有も可能となった。加えて、金融機関や弁護士等が関与して作成した合理的な経営改善のための計画（資金の出資を内容とするもの）を実施する会社も事業再生会社の範疇に含まれるものと改正され、5％を超える議決権取得が可能となったことで、金融機関の本格的な事業再生ビジネスへの参入が可能となった。現状では、例えば三井住友銀行の子会社であるSMBCキャピタル・パートナーズなどが、この改正を前提に事業再生会社等に5％を超える事業再生投資を行っている。

　また、独占禁止法上の5％ルールについても、金融機関が事業会社を支配して市場の公正を害することを予防する目的があるところ、業績不振企業の信用を維持するために必要である場合には、公正取引委員会にあらかじめ申立てをすれば5％を超える議決権を金融機関が保有することが認可される。

そうなると、5％ルールを優先株取得の理由とすることは弱くなってきている。

　デット・エクイティ・スワップということは、債権と株式を交換することであり、これはすなわち現金を出資するのではない「現物出資」に当たる。会社法は、債権を現物出資する場合には、出資額が債権の額面額を超えない限りは、裁判所が選任する検査役による調査は要らないことにした。かつては厳格な検査役の検査をしなければならないとしていたため急場に間に合わず、この検査を回避するために債権と株式を直接交換しないで、現金出資をしてその現金で債務を返済してもらうという迂回路（擬似DESという）を取っていたが、そのような必要性は少なくなってきている。

　他方で「カラDES」の問題は深刻であった。カラDESとは企業価値を超えた債権と新株を交換することである。そもそも企業価値を超えた債権は回収できない債権であり、セカンダリーマーケットでもバルクセールの対象となるような無価値な商品である。ところが、額面金額よりも本来市場では低く評価されるはずの債権について、逆に市場価格を水増しして（あえて額面額で評価して）額面分の価値がある債権であると装って新株と交換し、その新株に価値があるように装えば、銀行の資産である債権は額面金額にて株式にそのまま変わっただけで、銀行資産の劣化はそれだけ防げることになる。

　このようなカラDESはさまざまな問題を派生する。当該企業をM&Aで売却するときには、会社を買う方にとってみれば、本来の価値以上の多額の株式が第三者である金融機関に保有されていることになる。この本来の価値を超えた株式まで買い取らなければならないとすると、不相当に多額の費用を負担することになる。また当該企業にとっても、総資本利益率（return on assets：ROA）、自己資本利益率（return on equity：ROE）、投下資本利益率（return on invested capital：ROIC）などを計算するための分母が大きくなるので、収益率が低くなり、株価や格付けが下がるおそれがある。さらに、既存の株主以外の者に対して特に有利な価額で株式を発行したことになり、新株の有利発行の問題を惹起するおそれもある。株主総会の特別決議なしに有利発行をした場合には、取締役は株主に対して損害賠償をしなければならな

い可能性も出てくる。カラDESをしなければならないようなときは、債務超過であることが多いから、もともと株式に価値はなかったはずであり、実質的な損害はないといえないこともないが、コンプライアンス上の問題は残る。

　このような問題があったところ、その解決は税金の側面から推進された。平成18年度税制改正により、DESによる資本金の額は、DESの対象となる債権の額面金額ではなく時価評価によることとされた。これにより、債務者側の税務において債務消滅益が認識されて課税されることとなった。債務消滅益とは、DESとの関係では対象となる債権の額面金額と、新株に交換される時価との差額分を債務者が利得した、つまり益金となったことから法人税上その金額を課税の対象とするものである。そうすると、債務消滅益の有無及び金額を評価するという課税の観点から時価評価が必要となったことから、カラDES問題は収束していった。

　さらに、時価評価には時間と費用を伴い、特に倒産手続における時間的な切迫性とは調和しないことから、DESの利用は税制改正後に急激に減少した。特にその傾向は民事再生において顕著であった。

　今後もDESが使われる場面としては、企業の繰越欠損金が多大であり、DESを行ってもそこで発生する債務免除益の金額を繰越欠損金の範囲内に収めることが可能となり、（債権放棄をした債権者が不満に思う）課税が発生しない場合等に限られてくる。

3　DDSとは何か

　債権の劣後化（debt debt swap：DDS）とは、既存の債権を劣後債権に変更することで、その支払の順位を通常の債権よりも劣後させるものである。支払の順位が下がることで、劣後債は通常の債権の支払が終わってから支払うことになるため、債務者の資金繰り上も元利金の返済の負担が減少する。

　このような劣後債は、一定の要件を備えることで、資本性借入金として資本に準じた取扱いがされる。資本に準じた取扱いがされれば、負債が減少したのと同じ状況であることから、従前よりも有利な条件で融資を受けられる

可能性がある。

このDDSは、2004（平成16）年の金融庁の「金融検査マニュアル別冊（中小企業融資編）」が改訂されたことにより認められ、その後は多数の会社の再建で使われている手法である。その後、2019（令和元）年に金融検査マニュアルは廃止されたが、金融庁は2020（令和2）年5月に「資本性借入金の取扱いの明確化に係る「主要行等向けの総合的な監督指針」等の一部改正について」と題した監督指針を公表し、資本性借入金が金融機関による金融支援として有効であることを確認し、金融検査マニュアル廃止後も資本類似性を判断する際の観点に変更がない旨を明確にした。DDSの有効性を再確認したわけである。

企業は経済状態が悪化すると、商取引債権は何としてでも支払って取引を維持しようとするが、金融債権については元本の返済をストップしたり、延期して利息だけを支払ったり、あるいは利息自体も金利の減免を求めたりする。このような場合、金融検査マニュアル廃止前は、貸出緩和債権等に分類されて債務者区分が「正常先」ではなくなり、その下の「要注意先」以下の区分に入れられて不良債権先とされてしまっていた（図6［113ページ参照]）。債務者は、不良債権先と区分されてしまうと、原則として新規融資を受けることができなくなる。また、金融機関も不良債権の債務者区分に応じて、返済の危険度が高いほど多額の貸倒引当金を積まなくてはならなくなり、金融機関の資産内容が悪化する。

とするならば、このような貸出債権を資本に準じた劣後債に分類することができれば、残った債権は正常債権となり引当金は積まなくてもよい、あるいは引当金を積むにせよ低い割合で済むことになり、金融機関にとって有利である。また債務者からしても、不良債権から正常債権に上方遷移（ランクアップ）することで債務者区分も上がって、再度の新規融資を受けられる可能性も出てくるメリットがある。

金融庁の金融検査マニュアルでは、このような取扱いを許容していたのであった。今回の監督指針で確認された資本類似性の判断の基準では、①償還期間が5年を超えて期限一括償還が設定されていること、②金利も原則とし

て業績連動型であり株式の配当可能利益に準じたものであること、③劣後性も法的破綻に至るまではその他の債権の回収に先んじて回収されない仕組みが整っており、法的破綻時にも劣後性が確保されていることが必要とされている。

　地方銀行以下の中小金融機関には債権放棄について強い抵抗感がある。一部の取引先に対して債権放棄をしたことが知れると、他の取引先からも次から次へと債権放棄を求められることを恐れるからである。その意味で、貸倒引当金の減少に貢献し、他方で債権の弁済は劣後化するにすぎないとするDDSは便利である。特に金融機関は、債務者がDESを要請する場合には債権放棄とセットで要請されることが多い。そうなるとDESを認めるためには債権放棄による損失を受け入れなければならなくなる。しかし、DDSにおいては債権放棄とのセットは予定されていないことも多く、債権の劣後化さえ容認すれば、そして、その債務者が数年後に再建を完了して健全な会社に蘇れば、劣後ローンの取扱いについて変更できる可能性がある。また債務者にとってもDDSは便利である。中小企業に典型的に見られる社長兼100％株主というオーナー企業にとっては、DESをするとアカの他人が株主として入ってくることから抵抗が大きい。DDSであれば、元利金の支払の負担は一時的であれ減少して資金の流出を防げるし、あくまで債務を劣後化するだけであり新たな株主が発生するわけではないのでオーナー社長の抵抗も少ない。

　もちろん批判はある。DDSは中小企業の事業再生のために有用であるが、実際には有利子負債が据え置きになるだけであり、財務状況が抜本的に改善されたわけではないことから、債権放棄やDESと比べると事業を再生するためには不徹底な手段であるという点である。しかし、むしろ債務者企業が最悪の状況を切り抜けるための当座の手法としては望ましいと受け取ることも可能であろう。金融庁が前述した監督指針を確認したのも2020年のコロナ禍において、企業の売上減少や収益低下を憂慮し、円滑な事業の再開・回復を実現するためであった。

　金融機関は、DESやDDSなどの手法はさておき、まずは財務の再構築を

徹底して行うことに協力することが必要である。また優先株主の立場から
も、事業が再構築されて債務者企業の収益力を回復しキャッシュフローが改
善するように、株主の立場からもモニタリングをする株主ガバナンスも可能
となる。

第 **3** 章

事業再生のプレーヤー

ターンアラウンド・マネージャー

　日本においても、会社更生華やかなりし頃から企業再建の請負人と呼ばれた人は何人かいたようである。スポンサー企業から派遣されて更生手続中の会社の再建を軌道に乗せ、企業を再生させた人である。その中でも、1950年代に造船業を営む来島船渠（のちの来島どっく）を再建した坪内寿夫氏などは、メディアから「再建王」と渾名されるほど有名であったようであるが、弁護士でも、上野久徳氏は、1970年代に、当時誰もスポンサーになり手がいなかったという三省堂の再建を果たし、その後も多くの出版業界の再建を行ったそうである。最近では2010（平成22）年に日本航空の会社更生を受けて再建に尽力したことで有名な稲盛和夫氏も、1990年代に会社更生手続中であった情報機器メーカーの三田工業を早期再建した実績も含めて企業再建の請負人と呼ぶこともできるであろう。日本におけるこのような企業再建の請負人は、個人の資質に大きく依存しており、しかも、企業再建を本業としているのではなく、他の本業を行いつつ再建に関わってきた点に特徴がある。

　彼らのように著名な再建請負人以外にも、スポンサー企業から派遣されて、窮境にある企業の再建に関与した者は多いはずであるが、その名は表には出てこない。会社更生においても、管財人には法律家管財人のほかにスポンサーから派遣された事業家管財人がいるのが常であり、更生会社の経営一般は事業家管財人が行って再生を果たしてきたのである。ただし、このような事業家管財人も更生手続が終了して企業の再建が一段落すると、もともと働いていたスポンサー会社に復帰することが通常である。そのため、更生会社を代表していた事業家管財人も、再建請負人として独立して、また別の会社の再建に関与するということはなかった。日本に特徴的な終身雇用制のもとでは、もともと働いていた会社に戻ることが正道であったのである。例外として、私が知っているある事業家管財人は、そもそもはスポンサー会社か

ら派遣された人物であったが、会社更生手続終了後も当該企業に請われてそのまま残った。ただ、それは彼がスポンサー企業で定年を迎える年齢に達していたことも大きく影響していたに違いない。

　日本における企業再建の請負人とは対照的に、米国においては、企業再建の請負人は「ターンアラウンド・マネージャー」(turnaround manager) という一つの専門的職業として広く認識されている。彼らは、企業の再建に特化したプロあるいはプロ集団であり、事業再生のために窮境にある会社の経営者となる。一つの会社に入ってから大体1、2年という短期間で会社を再生して退任して、別の会社の再建に取りかかる。大手ではクロール・ゾルホ・クーパーズ、アリックス・パートナーズ、アバルツ・アンド・マーサルなどが知られているが、それぞれ数百名の専門家スタッフを擁しており、常時多数の案件を同時進行で処理している。一件に数名から数十名のスタッフをチームで派遣する。

　彼らは、過剰債務や業績不振によってかげりが見えてきた企業から経営者として招聘され、CEO（代表執行役員）、COO（事業執行最高責任者）、CFO（財務最高責任者）などに就任する。CRO (chief restructuring officer) と呼ばれる事業再生に特化したポジションに就任することもある。これらのポジションへの抜擢は、金融債権者の示唆を受けたものであることもある。金融債権者は定期的に企業の財務内容や収益状況をモニタリングしており、その実態を知り得る立場にあることから、経営に失敗した役員を更迭して再生のプロであるターンアラウンド・マネージャーを選任するべきである旨を企業に示唆するわけである。ただ、金融機関自体が積極的に当該企業の経営に関与することはしない。関与すれば貸し手責任 (lender's liability) を問われて自分の債権が劣後化されるおそれもあるし、他の債権者から損害賠償を請求されるおそれもある。

　ターンアラウンド・マネージャーは、さまざまな事業の再構築計画を立案して実行に移し、企業の体質を改善して収益をあげることが使命である。もちろん、過剰債務を縮減するなどの債務再構築計画を立てて、金融債権者や社債権者などと協議して過剰債務の削減に尽力する。ターンアラウンド

ファームから派遣されるターンアラウンド・マネージャーは、グループで行動することも多く、当該企業の属する産業に精通している者から選ばれる。そのため、ターンアラウンドファームにはさまざまな産業の専門家が属している。窮境に陥った企業のビジネスを十分知悉して、当該企業のビジネス上の問題点、業界内部でのポジション、競争関係、業界の今後の盛衰を含めた見通しなど業界全体の情報、今後の経済動向など、事業再生のためのあらゆる知識やノウハウに長けている。

　米国のターンアラウンド・マネージャーは、再建の専門家集団として、日本的な感覚からすると巨額な報酬を取得する。チャプター・イレブン手続の申立てをしたときは、まず債務者会社とその執行役員となっているターンアラウンド・マネージャーとの間の報酬契約をそのまま存続させることについて裁判所の許可を得ることになるが、債権者などから異議が出ることは少ないとのことである。債権者としても、ターンアラウンド・マネージャーの働きによって得られるリターンの増加を考えると、不当に高額な報酬だとは考えられていないようである。筆者が仄聞したところでは、2000（平成12）年頃の米国の大きな倒産事件で、法律カウンセルは100人の弁護士をこのチャプター・イレブン手続に投入し、月間10億円相当の報酬を得ていたそうであるが、ターンアラウンドファームは数名のターンアラウンド・マネージャーしか常駐させていないにもかかわらずその法律事務所の報酬をはるかに超える報酬を取得していたとのことであった。真偽のほどはいまだ分からないが、ターンアラウンド・ビジネスがいかに儲かるかということを示す興味深い話の一つである。

　日本においても、最近はターンアラウンドを専門領域とする専門会社も増えてきた。ただターンアラウンド・マネージャーの適正な人材確保までは十分にできていないように思われる。日本ではまだ、経営にかげりが出てきた早い段階で外部の助っ人を頼むという企業風土にはなっていないし、そのために高額な報酬を支払うことを是認する風習もいまだない。前述したように、日本の事業再生の特徴として、REVICや中小企業活性化協議会のように政府が関与した組織の存在感が大きいことがある。このような風潮に対し

て、2015（平成27）年頃からは民業圧迫により日本の私的分野でターンアラウンドファームが育たないとの批判がなされ、REVICの再生支援事業が凍結されていた時期もあった。しかし、コロナ禍を受けた2020（令和2）年5月の政府の閣議決定により、REVICが再度、個別企業の再生支援に関与することになった。今後、コロナ融資を受けた中小企業がその返済を求められることから多数の倒産事件が発生する可能性もあり、その解決策の一つの知恵として政府による倒産事件の処理は重要なツールとなることは間違いない。しかし、官だけでは多数の中小企業の再建に間に合わない事態も想定されることから、民間のターンアラウンドファームの育成も急務となっている。

　今後、ターンアラウンドファームを日本で育てていくには何が重要であろうか。事業再生において重要となる2本の柱として、事業の再構築と財務の再構築がある。日本のターンアラウンドファームには金融機関や監査法人出身者も少なからず在籍していることから、過剰債務を削減して適正な借金の規模まで減縮したり、そのために債権者と利害調整を行うなどの財務の再構築や出資を募るスポンサー企業を探索したりすることなどに秀でていることは間違いない。

　それに加えて、ビジネス自体のターンアラウンド、すなわち事業を再生するべく、専門知識を駆使してコア部門を成長させる計画を立て、実行していくことのできる専門家が必要である。事業を再生するノウハウを有する専門家がさまざまな産業別に多数集まってくれば、日本でも本格的な事業再生のターンアラウンドファームが育っていくであろう。最近では終身雇用制度も制度疲労を起こしており、人材の流動性が高まってきていることは朗報である。以前であれば一生涯一つの会社にいたような優秀な人材が、その専門性を生かしてターンアラウンドファームで専門性を生かした活躍をすることを期待する。

第**2**節

ファンド

1　ファンドとは

　1990年代のバブル崩壊後あたりから、ファンドが企業に影響を重要な影響を及ぼす存在としてメディアを賑わすことが多くなった。ファンド（fund）は直訳すると基金だが、ここでいうファンドは複数の機関投資家や個人から集めた資金を投資する「投資ファンド」のことである。ちなみに、専ら自己資金の運用を行っているプリンシパル・インベストメントはファンドではない。

　投機または短期的な投資による利益の獲得を狙うのはヘッジ・ファンド（hedge fund）である。毎日行われている株式取引の多くは売買により差益を獲得することを目的としているが、ヘッジ・ファンドの中には、豊富な資金力を背景にターゲット企業の株式を格安で買い占めて高値で引き取らせる裁定取引によって利鞘を取って出資者に還元するものもある。アービトラージという。

　ベンチャー・キャピタル（venture capital）はベンチャーの起業や新興企業に投資するファンドであることが多い。この点で、成熟した企業に投資して、企業価値を高めてから株式を売却するバイアウト・ファンド（buyout fund）とは異なる。事業再生ファンド（corporate recovery fund）は、バイアウト・ファンドのうち業績不振の企業など窮境企業をターゲットとして買収するファンドである。プライベート・エクイティ・ファンド（private equity fund：PEファンド）は、未上場の株式に投資するファンドである。成長できる余力はあるが何らかの阻害要因がある企業に対して投資して、経営や組織体制を効率化させ、安定させてから、事業スポンサーへの投資につなげていく。通常20％から30％程度のIRRを求めることも多い。バルチャー・ファン

96　第3章　事業再生のプレーヤー

ド（vulture fund）はハゲタカファンドとも呼ばれるが、不良資産を買収して大儲けをしたファンドの蔑称である。国内系のファンドがまだ育っていなかったバブル崩壊後の1990年代後半になり、米国のハゲタカファンドが日本の金融機関から不良債権を含む貸付債権をバルクセール（一括買い）で安く買い取って、買値よりもかなり多額の回収をして差益を取得した。ハイリスク・ハイリターンである。筆者が以前所属した法律事務所が関与した例でも、ファンドがバルクセールで額面３億円の債権を備忘価格１円で取得したところ、法律事務所で回収に協力して３億円全額をまるまる回収したこともある。１円が３億倍の利益となり途方もない儲けであった。近頃は国内系のファンドも増えたので外資系ファンドの独壇場というわけにはいかなくなった。もっとも、本拠が日本にあるファンドでも出資者の中に外国の機関投資家や企業が含まれているものが多いから、外資系、国内系といってファンドを色分けすることが無意味になりつつある。

　なお、ファンドにはファンド運営会社がいる。ファンド運営会社が資金の運用を望んでいる出資者を募って投資を賄えるだけの規模の資金が集まる

[図５]　ファンドの仕組み

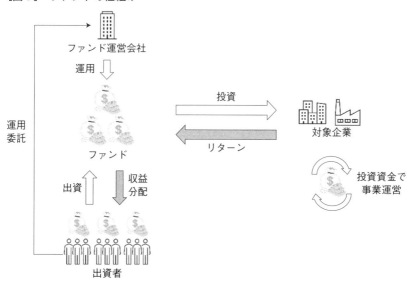

と、ファンド運営会社自体も出資をし、出資者とファンド運営会社が一緒に
ファンドを立ち上げる。何十億、何百億、場合によっては何千億円という規
模でファンドが組成される。出資者は有限責任組合員（limited partner：
LP）となり、ファンド運営会社は無限責任組合員（general partner：GP）と
なる。有限責任というのは、ファンドが損をしても出資金を失うだけで、そ
れ以上に損失補填の責任を負わないという意味である。以前は、組合と投資
者の両方に二重課税される不便を避けるために、カリブ海のケイマン諸島に
名目上の本拠を置くファンドが多かった。日本でも2004（平成16）年4月に
成立した投資事業有限責任組合契約に関する法律により、民法上の組合と異
なり構成員の有限責任を認めつつ、法人格のない組合そのものには課税しな
いで利益分配を受けた構成員だけに課税するというパススルー課税が可能と
なった。この法改正によって、二重課税の問題が解決され、名実ともに日本
を本拠とするファンドを組成する素地が築かれたのである。

　ファンドの出資者には、保険会社や年金基金など資金運用を必要とする機
関投資家、金融機関、事業会社などがあり、ファンド運営会社には独立系、
銀行系、証券会社系、事業会社系などがある。

　ファンド運営会社は、時期をずらして複数のファンドを立ち上げることが
あり、例えば1号ファンド、2号ファンドなどの名称を付けることもある。
それぞれのファンドが特定または複数の企業に投資して、投資先の企業価値
を向上させて投資を回収し、その収益を出資者に分配する。

　ファンドは、投資先企業の既存の株式を買収したり募集株式（新株）を引
き受けたりすることで、企業の経営に対する発言権を取得する。かなりまと
まった金額の出資をすることは、投資先の支配権あるいは経営に対する強い
発言権を取得することに通じる。そのうえで投資先に執行役、取締役、代表
取締役などを派遣するなどして経営に関与し（ハンズオン）、投資先企業の経
営を改善して収益性を向上させ、その結果、価値を増した株式を売却して、
差益を出資者であるパートナーに還元する。また、ある程度以上の規模の企
業になると、出口（EXIT）の段階で証券取引市場に株式を上場（initial
public offering：IPO）させて、多額の上場利益を獲得することもある。

なお経営者を派遣せずに、従来の経営陣またはプロパーの社員から昇格させた経営者に経営を継続させ、自身はモニタリングをするにとどめることもあるが（ハンズオフ）、経営改善が思うように進展しないときはハンズオンに切り替えることもある。

　日本において活躍しているファンドは、現状ではすべてを紹介できないほど相当数ある。一端を示すと、米国資本のプライベート・エクイティ・ファンドとしては、オリオンビールに投資するなど日本での活動歴が長いカーライル、日産系のマレリに投資したKKR、不動産投資に積極的なブラックストーン、東芝メモリやニチイ学館に投資したベインキャピタル、東芝不正会計事件のきっかけを作った米国原子力ウェスティングハウスに投資しているアポロやフォートレスなどが大手ファンドとして有名である。アジア系では田崎真珠やコメダ珈琲に投資をしたMBKパートナーズ、中華系では香港拠点で中堅企業を中心とした投資をしているCITIC Capital Partnersもある。

　国内系のプライベート・エクイティ・ファンドとしては、老舗のアドバンテッジ・パートナーズ、ヘルスケア分野に力を入れているユニゾン、スカイマークへの投資をしたインテグラル、野村証券系のジャフコ、事業承継に強みをもつポラリス、ジェイウィルパートナーズ、ニューホライズン等が老舗として有名であるが、そのほかにも商社系ファンド、金融機関系ファンド、地方に根付いて地域活性化を担っているファンド、半官半民のファンド（REVIC、日本政策投資銀行）に加え、最近ではDXファンド等も現れてきている。

2　事業再生ファンド

(1)　日本における事業再生ファンドの創設

　日本のファンドの特徴は、バブルが崩壊したあとの1990年代後半に作られ始めたことから、当初の投資対象が破綻処理中の銀行、あるいは民事再生や会社更生や私的整理などにより再建中の企業や破産したばかりの企業などであった点にある。ファンドビジネスは、欧米、特に英米では、まず広く一般の企業を対象にしたプライベート・エクイティ・ファンドから始まったよう

であるが、日本ではハイリスク・ハイリターンといわれる窮境企業を対象とした事業再生ファンドの方が先に発達した。一般のM&Aの文化が広まる前に窮境企業の問題が前面に出てしまったからであろう。2005（平成17）年に不良債権処理の一応の目途がついてからは、事業再生ファンドよりは一般の投資ファンドに大きく舵が切られて今日に至っている。ただし今後は、コロナ禍で発生した不良債権の処理、特に中堅企業や中小企業において不良債権が大幅に増加することが予想される。中小企業庁によると、2021年9月時点で政府系金融機関による中小企業に対する資本性劣後ローンの融資実績は平時の14倍の7,000億円となっているとのことである。事業再生ファンドが再び衆目を集める日もそう遠くはない。

(2) 事業再生ファンドのメリット

　金融機関による救済と比較した場合、ファンドが事業再生を行うメリットには、何があるであろうか。窮境に陥った企業の再生を当事者以外で一番身近で行えるのは貸出を行っている金融機関である。金融機関は再生支援を行い、当該企業の債務者区分が正常先に復帰して、新たに融資を行える企業となるように協力する。

　事業再生を行う過程において、資金繰りや設備投資を支援する観点から資金を拠出する方法として採られるのはDIPファイナンスや出資（増資）である。ところが出資となった場合には、新たに株主として経営に関与していくこととなる。前述のとおり近年銀行法の5%ルールが緩和され、場合によっては金融機関の関連会社が窮境企業の株式を100%取得することまで可能となるように法整備はされたものの、実際に株式を取得して経営に関与するにはいまだハードルが高い。特に窮境企業が結局うまく再建できず（二次）破綻した場合や経営責任を問われる場合に、取引先等利害関係者から「金融機関を信じたのに」という怨嗟の声があがる可能性がある。そのような事態となれば、金融機関の信用毀損は限りなく大きくなってしまう可能性がある。また地方の金融機関などでは、地域の核となる企業の再生が求められるものの、それは必然的に企業の選別を行うこととなり、他の窮境企業に不公平感

が蓄積して、当該金融機関への弁済を渋るなどのモラルハザードが起こるおそれがある。このように金融機関が直接に窮境企業の事業再生を行う場合にはいろいろな問題点をクリアーしていかなければならない。

　これが事業再生ファンドであれば、問題は比較的少ないであろう。複数の金融機関から額面で過半数を超える債権（不良債権）を買い取って、主要債権者としての立場から企業の再生を支援することもできるし、DIPファイナンスの供与もできる。さらにニューマネーを注入すべく増資を行い、株主としての立場から経営に参画して（ハンズオン）、自ら積極的に企業再生に関与することもできる。

(3)　事業再生ファンドの再生手法

　まず一番分かりやすいのは、民事再生や会社更生、私的整理手続中の企業から会社そのものや事業の譲渡を受けることである。破産手続が開始されたがいまだ営業を継続している事業を破産管財人から買うこと、すなわち破産手続中のM&Aも稀ではあるがないわけではない。事業譲渡代金は債権者への配当にまわされ、ファンドは新会社や既存の買収した事業を承継する。

　ファンドが民事再生や会社更生、私的整理手続中の企業のスポンサーとなることも多かった。倒産した債務者、更生管財人、大口の債権者であるメインバンクなどと相談しながら再生計画、更生計画、事業再生計画を立案して、債権放棄やDESで有利子負債を大幅に削減したうえで、ニューマネーを投入して募集株式（新株）を取得し、大株主として新経営陣を選任、事業再生に投入して（ハンズオン）経営を改善して企業価値を高める。もちろん債権を買い取ってDESによって株式を取得する方法もある。

　窮境企業から相談を受けたファンドが、債権放棄やDESなどを受けられる目途をつけてから、当該企業に対する金融債権を取得したり自ら出資をしたりすることを企図して、メインバンクやその他の金融機関と協議することもあるが、その段階で話し合いを成立させるのは金融機関が債権放棄をして損金とできるかという税務上の問題も関係しており簡単ではない。そこで、ファンドと協力して再建計画の草案を作ったうえで、民事再生や会社更生の

申立てをしつつ、そのファンドが引き続きスポンサーとなって、申立て後の事業経営や資金繰りに尽力することもあった。そのような場合に申立て後に改めてスポンサー候補者を募るのが公正ではないかという議論がある一方で、最も困難な時期に危険を冒して協力した申立て前のスポンサー候補者（ファンド）にそのままスポンサーになってもらうのが適当ではないかという議論もあった。実務家の間でいろいろな工夫がなされている。

　実際にも、日本政策投資銀行は民間企業とともに複数の事業再生ファンドを設立したし、民間が立ち上げたファンドにも参加した。また前述したように、不良債権処理と企業再建を援助する機関として官民をあげて設立された産業再生機構（IRCJ）も、ファンドを使いながらダイエー、カネボウ、ミサワホーム、大京、三井鉱山などの再生を支援した。その後も、2009（平成21）年に設立された企業再生支援機構（ETIC）がファンドを利用しながら地域の中堅企業や中小企業の事業再生を支援しつつ、当時窮境に陥った日本航空の大型再建に関与するなどの役割を果たした。2013（平成25）年に商号変更して現在の地域活性化支援機構（REVIC）となったあとも、地域金融機関と協働して組成したファンドに出資したりその運営に関与したりしている。また、中小企業再生支援協議会（現・中小企業活性化協議会）が設けられ、それに合わせて各地の商工会議所等と地方の金融機関が協力して地域再生ファンドが設立されており、それらはまさしく事業再生ファンドである。

3　官民ファンド

　官と民が共同で出資してファンドを組成したものを官民ファンドという。前述した政府系金融機関のファンド、産業再生機構（IRCJ）や企業再生支援機構（ETIC）、地域経済活性化支援機構（REVIC）のファンドなども官民ファンドである。最近注目されている中小企業再生ファンドは、経済産業省管轄下の中小企業基盤整備機構と民間の金融機関が共同出資したファンドであり、全国各地に設立されて地域の事業再生をサポートしている。官民ファンドは民間ファンドが単独では供給できないリスクマネーを提供するであり、いわば民間資金の呼び水として、官と民とでリスク分担を図る趣旨で設

立されている。再生ファンドも、事業再生中の企業に対して資金供給を行って経営を支援することを目的としており、地域経済に貢献して地域に欠かすことのできない中小企業の再生支援や雇用の維持に役立っている。優先株式への出資により資本を充実させたり、融資を行ったり、社債を買い取ってニューマネーを供給する。さらに抜本的な改善をする場合は金融機関や保証協会の有する債権を時価で買い取り、その後に第二会社方式でグッドカンパニーとバッドカンパニーに分割して前者を生かし、後者を清算していく手法などが行われている。ファンドから派遣された再生の専門家がハンズオンで債務者企業の再建を行っていく手法であり、今後もその対象企業が増えていくことが予想される。

4　プライベード・デッド・ファンド

　2007（平成19）年から顕在化したサブプライムローン問題、リーマンショックの金融危機を契機として、欧米では金融機関への規制強化がなされ、大手の商業銀行は大企業や有格付企業への融資に大きく傾斜した。ローン市場における銀行の存在感は薄くなり、むしろ中小企業などは銀行を経由しないで融資を受けるためにプライベード・デッド・ファンド（private debt fund）から融資を受けることが多くなった。実際にもプライマリーマーケットと呼ばれる企業や政府が株式や債券を発行して資金調達をする市場（発行市場）において、非銀行主体の発行が、2010年の30％から2020年には75％程度に急増している。プライベード・デッドの市場も急拡大しており、北米では2012年の3,140億米ドルから2025年には1兆830億米ドルに、ヨーロッパでは700億米ドルから3,210億米ドルに成長することが予測されている（PwC Market Research Centreによる）。

　日本においても、大手銀行による中小企業貸出の選別が強化されつつあり、他方で地方銀行においても貸倒れや貸倒引当金の問題などから融資に保守的になる傾向があるといわれている。そのような場合に、信用力の低い企業に対しローンのかたちで貸し出すプライベード・デッド・ファンドが日本でも必要となってくるはずである。このファンド自体は、元本を保証しない

投資資金を使うため、リスクはあるものの今後の成長あるいは再生を見込める中小企業への資金を供給できるメリットは大きい。日本においても2017年にトパーズ・キャピタルがプライベード・デッド・ファンドを設立しており、今後は同様のファンドが増えてくることが予想される。例えば、コロナ禍において一時的に赤字に陥った中小企業に対して、銀行であれば融資を行うことができない場合も多いであろうが、プライベード・デッド・ファンドであればリスクマネーを提供することができるので、資金繰りに苦しむ企業へ運転資金等を供与する選択肢が増えて、事業再生にも大きな武器となる可能性を秘めている。

サービサー（債権回収会社）

　サービサーは債権回収会社のことであり、金融機関等の債権者が有する貸付債権やリース・クレジット債権等の「特定金銭債権」について、委託を受けまたは債権を譲り受けて、管理と回収を行う民間の専門業者である。簡単にいうと金融機関等から譲り受けた「不良債権の管理・回収」にあたっている。一般事業会社がもつ売掛金等の取扱いは法律上できない。

　日本では、委託を受けて債権の管理回収を「業」とすることは、弁護士法により弁護士が独占する法律事務の一つであるが、サービサーは、その「特例」として、1998（平成10）年に制定された債権管理回収業に関する特別措置法（サービサー法）によって、法務大臣の許可を得て設立することができる。ただし、債権取立てを野放しにすると、暴力団系の取立屋が貸金業者の委託を受けて債権取立てを行う可能性があるし、近隣の迷惑も顧みず深夜まで回収業務を行うなどの弊害も出てくるであろうことから、資本金5億円以上の株式会社であり、取締役に弁護士が選任され、暴力団排除の仕組みや業務の適性を確保するための態勢を整備することが必要とされる。出資母体は金融機関や信販・貸金・リース系が多い。2022（令和4）年12月現在で77社の債権回収会社がある。

　上記法律に基づいて設立されたサービサーの自主規制団体である全国サービサー協会は、自主的なルール（債権管理回収業の業務運営に関する自主規制規則。略称「自主ルール」）を定め、自主ルールは、現在までに何度か改正されている。自主ルールでは、例えば、夜9時以降の債権取立てであるとか、多数回にわたり電話したり電報を送付したりすることはもちろん、職場を訪問したりつきまとったり、玄関に貼り紙をしたりすることなどが禁止されている。サービサーは、会社法上は大会社であり、コンプライアンスや内部統制システムの構築を厳しく要求されている。

サービサーの仕事は、金融機関等から委託を受けて問題債権（不良債権等）を回収して手数料を取得する手数料ビジネス（受託モデル）と、問題債権を金融機関等からできるだけ安く買い取って回収するなり高く売る投資ビジネスの両方がある。後者は、多数の不良債権を一括して安価で買い取るバルクセールの方式によるものが多い。ところがここ10年以上は、不良債権という話題がメディアを賑わすことがまったくないことに象徴されるように、金融機関の不良債権比率は下がっている。それを反映して、不良債権を取り扱うサービサーは、開店休業状態が続いており、サービサーの数も、廃業等によって減少傾向にある。しかも不良債権が極端に少ないことや金融機関の引当がうまく進んでいたことから、不良債権の数が少ないだけでなく、仕入価格も高いという状況が続いてきた。しかし今後は、コロナ禍における多額の融資の返済期間が到来して、その巨額の債務を返済できない多数の中小企業が増えていくであろう。そして、このような中小企業への貸付けが不良債権化することが予想され、サービサーによる債権買取も再び活発化するであろう。

　サービサーの債権回収の手法としては、債務者と交渉して、弁済期限を猶予して長期分割返済（reschedule［リスケジュール（リスケ）］）をさせることもある。一部免除して残額を払わせることもある。リスケと一部免除を組み合わせることもある。多くはないが法的倒産手続（再建手続を含む）の申立てをすることもある。また、サービサーの中には事業再生にかなり力を入れているところもある。コンサルタントを入れて事業計画を立てさせ、DESなども併用しながら、債務者企業を再建する支援をしながら、債権回収を計画的に行うわけである。最後の手段は担保権の実行や強制執行に訴えることであるが、サービサーによる事業再生支援には今後さらに期待したい。

第 4 章

不良債権処理と事業再生

90年代のバブルの後始末と類似する
ポストコロナの動向

　金融機関が企業に貸し付けた債権が、約定どおりに返済されないことがある。その原因は、企業の調子が悪いため、元本の返済を止め利払いだけを続けているケースや、利払いの遅延や減免まで踏み込んで支払に問題が生じているケースなど、さまざまである。このような貸金は「不良債権（non-performing loan：NPL）」と呼称され、貸し出した金融機関側ではどのような債権管理を行うのか、企業へ返済するようにとの働きかけをどのように行うか、不良債権として売却をしてしまうのかという判断が必要とされる。他方で企業側でも、自主的に事業再生をしていくことで債権の返済を正常化して不良債権を解消していけるのか、それとも抜本的な再生を、準則型の私的整理や法的整理を使って行わざるを得ないのかを判断していく。抜本再生となると不良債権の処理は必然となり、金融機関に債権放棄を要請する必要性が生じる可能性は高い。

　1990年代初頭から始まった日本における不動産を中心としたバブルとその崩壊は、不良債権問題を顕在化させた最近の例である。その処理には長い年月を要し、日本経済全体が停滞した。不良債権問題が多発したバブル崩壊後の当時を振り返ると、1992（平成4）年4月以降2003（平成15）年3月までの間に、合計で178件の破綻金融機関が統廃合され合理化されていった。ところが不良債権の処理については、国民の反発などもあり、ドラスティックで徹底した措置が採られないままに、ずるずると問題が先送りされて、失われた10年と揶揄される深手を負ったのであった。そのような失態を放置できずに政官民一体となった集中的な努力を重ねられて、ようやく不良債権問題を解決したのが、ペイオフ解禁となった2005（平成17）年頃であった。当時は失われた10年と呼ばれてきたが、10年どころではなかった。

　金融庁の統計によると、全国銀行（都市銀行だけでなく地域銀行を含む）の

不良債権である金融再生法開示債権は、2002（平成14年）年３月期がピークであり、全国銀行112行で43.2兆円、不良債権比率は8.4％に達していた。それが官民の努力により、2005（平成17）年９月期には約16兆円と約63％減少し、不良債権処理も一段落した。ところが、その後の日本経済はデフレに陥り、物やサービスが値上がりせず逆に値下がりすることで経済の活力が失われた。日本銀行をはじめとする政府の政策変更などにより、現在ではコントロール可能な範囲でのインフレが望ましいとされてきている。不良債権については、その後2008（平成20）年に発生したリーマンショックにより一時的に増加したこともあったが、その後は減少を続けて、不良債権買取ビジネスもいわば開店休業状態となった。金融庁の統計によるとコロナ禍になる直近の2019（平成31）年３月期の不良債権は6.7兆円、不良債権率にして１％であった。したがって、たまに売りに出る不良債権は、競争入札のもとで買取価格が高騰したのであった。

　ポストコロナに向けた不良債権の今後の動向については、コロナ禍で中小企業に対して実施された巨額の融資が、猶予期間が終了して返済が開始されることが、一つのポイントとなる。

　2020（令和２）年初頭の新型コロナウィルスの世界的流行以降、中小企業保護のために資金繰り支援等の新型コロナ関連融資が積極的に行われてきた。これにより企業、特に中小企業の債務が肥大化して、国内金融機関の貸出金総計は380兆円を超えている（2021年３月末現在、日本銀行「貸出先別貸出金」）。コロナ禍での融資は政府主導で行ったこともあり、どちらかというと国民生活の安定の観点から緊急避難的に資金繰りを支援することを目的とした融資であり、当該企業の特質や経済合理性を考慮した従来の融資とは性質を異にしている。したがって、経済情勢が悪化して原材料不足や価格高騰で売上げが減少している企業も多い中で、下請けやサービス業等の中小企業の資金繰りもさらに悪化していることがあり、少なくない数の中小企業が、コロナ禍での融資を当初の返済計画どおりに返済できないであろうことが予想される。

　しかも、コロナ禍での融資の性質から債務償還年数が長いものもある。債

務償還年数は、貸出金から企業の直近12か月のEBITDAを割ることで計算されるところ、中小企業について宿泊業では50年、生活関連サービス・娯楽業で43年というように、長期の債務償還が予定されている業種も現れている。

　加えて、コロナによる経済の疲弊の最中にロシア・ウクライナ問題が発生して資源高やインフレ、外国為替相場における円安が懸念され、再浮上のきっかけをつかめない日本経済において、このままの状態が続けば中小企業の置かれている状況は悪化するばかりである。そのような中で、中小企業には、コロナ禍で2020年以降に借り受けた融資の約定弁済の開始時期が到来し始めている。

　現実には、不良債権は、2021（令和3）年3月期現在で約8兆円となっており、不良債権比率も1.2％と極めて低い。不良債権が極めて少ない状況を維持しているといえるが、昨年度と比べると不良債権の金額で1兆円程度増加しておりコロナ禍の影響が出始めた状況にある。今後の不良債権の増加が予想される。

　この傾向が進めば、まさにバブル崩壊後に経験した不良債権処理の問題が再燃することも十分考えておく必要があり、過去の検証を踏まえた準備が必要となる。そのためには、国民への十分な情報開示と果断とした政策決定と実効により、バブル清算で失われた10年と揶揄されたような過去の轍を踏むことがないようにしなければならない。

　このように、金融機関における不良債権問題の処理を認識せざるを得ない状況になってきている。これは、とりもなおさず企業における事業再生が再度クローズアップされる情勢をも意味している。本章では、このうち金融機関による不良債権処理の問題を説明する。

不良債権と金融機関による処理

どうして金融機関は不良債権を処理しなければならないのであろうか。

まず、不良債権がそのまま放置されていることは、金融機関の資産である貸付金が、不採算事業に沈んでしまって回収できないまま塩漬けになっていることを意味する。金融機関は、保有している資金を、新たな起業や成長事業に投資して、それらの事業を育成することができない。有効な投資機会を喪失して金融機関の収益性も悪化してしまう。

そればかりではない。不良債権処理によって金融機関の財務実態が明らかにされ、不良債権処理の結果、金融機関の資産が目減りしていることが判明すれば、金融機関は自己資本比率を向上させるために必要な資本増強措置を採らなければならないことになる。自己資本比率については、バーゼル基準という国際的な合意によって8％以上でないと国際的な金融機関から除外されてしまい、海外の支店等での活動はできなくなる。ちなみに、国内で銀行業務を行うにも自己資本比率4％以上と規制されている。過小資本の金融機関は退場することが求められているのである。

とはいえ、不良債権を処理して自己資本を充実しても、金融機関が貸出を行いたいような優良な貸出先がなければ経済は活性化されない。かつて不良債権問題が社会においてクローズアップされていたころ、不良債権処理が先か経済活性化が先かという議論がされていた。鶏が先か卵が先かという議論であったが、両方が効率的に行われることがよいのであろう。

1　不良債権に関する法律

不良債権は、金融機関などの貸出等債権のうち回収が不能な債権と回収に懸念がある債権である。不良債権と呼ばれているものの規律は2つあり、預金者や投資家に対する情報提供の目的で銀行法等によって開示が求められて

いる「リスク管理債権」と、金融機能再生のための緊急措置に関する法律（金融再生法）に基づき、金融機関が内閣総理大臣に対して提出する資産査定等報告書中で開示が求められている「再生法開示債権」がある。2つの規律はそれぞれ独自の区分を有していたが、金融庁は、2022（令和4）年3月末に開示事項の簡素化・明確化の観点から、両者の区分を共通化した。なお、区分は共通化したが、それぞれ立法目的が異なることから、それぞれ開示することが求められている。

　これらの法律に定められた区分は、「破産更生債権及びこれに準ずる債権」「危険債権」「要管理債権」「正常債権」の4つである。「破産更生債権及びこれに準ずる債権」とは、破産手続開始、更生手続開始、再生手続開始の申立てなどの事由により経営破綻に陥っている債務者に対する債権及びこれらに準ずる債権を指す。「危険債権」とは、債務者が経営破綻の状態には至っていないが、財政状態及び経営成績が悪化し、契約に従った債権の元本の回収及び利息の受取りができない可能性の高い債権である。「要管理債権」とは、銀行法での区分である3か月以上延滞債権と貸出条件緩和債権であり、具体的には元本または利息の支払が約定支払日の翌日から3か月以上遅延している貸出金や、債務者の経営再建または支援を図ることを目的として金利の減免、利息の支払猶予、元本の返済猶予、債権放棄その他の債務者に有利となる取り決めを行った貸出金などが該当する。

2　債務者区分と債権分類

　以上とは別に、金融機関は自己査定による債務者区分を設けて、貸出債権についての引当と適正な償却を行うための基準としてきている。まず債務者を「破綻先」「実質破綻先」「破綻懸念先」「要注意先（要管理先を含む）」「正常先」の5つに区分する。

　この区分を行うことで、金融機関は債務者区分に応じた貸倒引当金を金融機関の貸借対照表に計上することとなり、金融機関の財務内容を正確かつ健全なものとする仕組みとしている。この債務者区分は、金融庁の作成した金融検査マニュアルに記載があったところ、同マニュアルは2019（令和元）年

[図6]　債務者区分

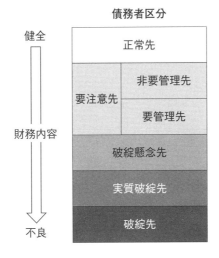

12月に廃止された。金融庁が、担保や保証を重視し貸出債権の分類を一律に
して査定をすればよしとされたいわば形式重視の検査方針から、金融機関の
多様性に合わせた検査・監督方針に変更したことが廃止の理由であった。こ
れにより金融機関に債務者会社の事業性評価の徹底が求められるようになっ
たことからすると、金融機関による債務者区分の考え方も自己査定として従
前と同様に利用されるが、今後はより厳格な査定が要求されてくるであろ
う。

　債務者区分における「要注意先」とは、金利減免・棚上げを行っているな
ど貸出条件に問題のある債務者、元本返済もしくは利息の支払が事実上延滞
しているなど履行状況に問題がある債務者のほか、業況が低調ないしは不安
定な債務者または財務内容に問題がある債務者である。「要管理先」とは要
注意先のうちの一部で、3か月以上元本または金利を延滞しているか、また
は貸出条件を緩和している先である。「破綻懸念先」とは、現に破綻してい
ないが、経営難の状態にあり経営改善計画等の進捗状況が芳しくなく、今後
破綻に陥る可能性が大きいと認められる債務者である。「実質破綻先」と
は、法形式的には破綻の事実が発生していないが、深刻な経営難の状態にあ

第2節　不良債権と金融機関による処理　113

り、再建の見通しがない状態にあるなど実質的に経営破綻に陥っている債務者である。「破綻先」とは、破産、特別清算、民事再生、会社更生、手形不渡りによる銀行取引停止処分などにより破綻したとされている債務者である。

また貸出債権等を4つに分類する債権分類という基準も金融検査マニュアルにあり、同マニュアル廃止後も利用されている。正常債権は「Ⅰ分類」、回収に注意を要する債権は「Ⅱ分類」、回収に重大な懸念がある債権は「Ⅲ分類」、回収不能債権は「Ⅳ分類」と4つに分けられている。

正常先に対する債権は回収可能性が高いのでⅠ分類とされる。破綻先、実質破綻先、破綻懸念先、要管理先（要管理先を含む）に対する債権であっても、預金・国債・信用保証協会の保証など優良担保によってカバーされている部分の債権は、すべてⅠ分類の債権とされる。要注意先（要管理先を含む）に対する債権のうち、預金・国債・信用保証協会の保証など優良担保によってカバーされている部分を除く債権はすべてⅡ分類とされる。破綻懸念先以下に対する債権のうち、不動産担保等の一般担保によって担保されている処分可能見込額（概ね評価額の70％相当額）についてⅡ分類、処分可能見込額を上回る額（概ね評価額の30％相当額）についてはⅢ分類の債権とされる。無担

[図7] 債権分類

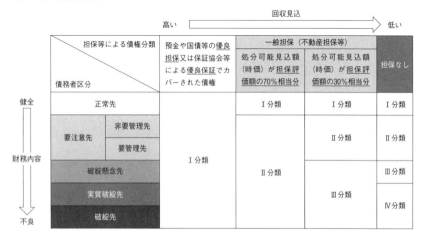

担保等による債権分類／債務者区分	預金や国債等の優良担保又は保証協会等による優良保証でカバーされた債権	一般担保（不動産担保等）処分可能見込額（時価）が担保評価額の70％相当分	一般担保（不動産担保等）処分可能見込額（時価）が担保評価額の30％相当分	担保なし
正常先	Ⅰ分類	Ⅰ分類	Ⅰ分類	Ⅰ分類
要注意先 非要管理先	Ⅰ分類	Ⅱ分類	Ⅱ分類	Ⅱ分類
要注意先 要管理先	Ⅰ分類	Ⅱ分類	Ⅱ分類	Ⅱ分類
破綻懸念先	Ⅰ分類	Ⅱ分類	Ⅲ分類	Ⅲ分類
実質破綻先	Ⅰ分類	Ⅱ分類	Ⅲ分類	Ⅳ分類
破綻先	Ⅰ分類	Ⅱ分類	Ⅲ分類	Ⅳ分類

回収見込　高い→低い
健全／財務内容／不良

保部分の債権は、要注意先に対する債権はⅡ分類であるが、破綻懸念先に対する債権はⅢ分類、実質破綻先及び破綻先に対するものはⅣ分類とされる。

3　金融機関による不良債権処理の手法

　貸出債権が不良債権となった場合、金融機関はどのような対応をするのか。貸出債権の債務者区分に応じて自己査定をして債権を償却しなければならない。償却には2つの方法があり、間接償却と直接償却が行われる。また、金融機関は償却という手法ではなく、直截的に不良債権の売却を行うことも検討する。

(1)　間接償却

　金融機関が行う間接償却とは、貸倒引当金の計上である。不良債権となると見込まれる貸出債権額を貸倒引当金として計上して、あらかじめ費用化しておくものである。詳しくいえば、貸出債権全額を会計帳簿と財務諸表上にそのまま残しておくものの、その貸倒れが見込まれる相当額を貸倒引当金としてマイナス資産であるとして計上する。それによって、貸出等債権の資産としての価値を実情に合わせて正しく表示しようとするものといえる。

　正常先に対する債権についても、過去の不良債権発生比率に基づいて、それに見合った貸倒引当金を計上する。要注意先（要管理先を除く）以下に対する債権については、4つに分類された債権を集計して、相応の引当率を乗じて引当金を計上する。引当率は、金融機関によってばらつきがあるが、例えばメガバンクの一つを例に取ると、正常債権については0.2％、要注意先債権については5％、要管理債権については19％ないし27％、破綻懸念先債権については59％ないし75％であった例もある。実質破綻先と破綻先に対する無担保部分の債権は、その全額である100％が償却される。

(2)　直接償却

　他方で、金融機関が、自行の会計帳簿や財務諸表上の資産から不良債権を控除して損金処理を行うのが直接償却である。オフバランス化ともいう。こ

れによって金融機関と当該貸出債権との関係は遮断される。債権放棄、債権全額の売却、貸出先の法的倒産によって発生する。

　事業の再生を前提とした局面においては、再生計画において、金融機関が過剰債務を直接に債権放棄して、他方で旧株主の株式の一部あるは全部の減資を行い、スポンサーの増資で再建するというシナリオもあるが、その場合の金融機関の債権放棄は、金融機関側からすると直接償却の対象となる債権となる。

(3)　債権売却

　債権売却は最も手っ取り早い不良債権処理の方法である。

　1990年代後半、日本の金融機関が外資に対し、バブルの崩壊によって発生した大量の不良債権を一括してまとめて安価にて売却する、いわゆるバルクセールが多く行われた。通常は複数の購入希望者を募り、守秘義務を締結したうえで、債権内容等についてDDをさせて、ビッド（入札）により買受人を決める。ハゲタカファンドと呼ばれた外資が金融機関から一括して買い取り、傘下のサービサーに取立業務を行わせて利益を享受した。

　債権のバルクセールはドラスティックな方法に見えるが、実は売り手にとっても買い手にとっても合理的な方法である。売り手である金融機関はわずらわしい与信先管理から解放されて、譲渡代金をより効率性が高い投資に振り向けることができるし、買い手となるサービサーやファンドは、専門的なノウハウを駆使して速やかな債権回収を図ることができるからである。

　他方で前述のとおり、日本の金融機関から1円の備忘価格で購入した額面3億円の債権について、外資が3億円全額を回収したというケースもあった。類似の話は枚挙にいとまがない。これは日本の金融機関に当時は目利きがおらず、せっかくの優良先の債権も不良債権であるとして外資に売ってしまった可能性が高いと考えているが、読者はいかが考えるであろうか。

　債権を買い取ったサービサーやファンドにとって最も一般的な回収方法は担保権の実行であるが、中には債権者と債務者と両者協力して、買取先がある債務者事業の一部を売却して、その譲渡代金から回収を図り、さらに債権

を株式化（DES）して債務者会社の株式などを取得する内容の事業再生計画を立案・実行して、債務者会社を再生させて、収益性を回復させて株式の価値を高めたうえで、株式売却してアップサイドを取得するという方法も用いることもある。

　また、買い取った債権をファンドでまとめて管理し、債権の回収や債務者のターンアラウンドを行い、その回収金や収益を、買取資金を拠出した複数の段階の投資家（優先、メザニン等）に還元する証券化（securitization）という手法もある。これにより買取資金を回収するばかりではなく、その回収金などを使って新たな債権買収の資金を調達し、次々と利益を得ていくことを目指すわけである。

大量の不良債権処理

1 買い取った不良債権等の処理方法

大量の不良債権処理を処理する際には、迅速に行う必要から、複数の債務者に対する債権をまとめて一括売却するバルクセールによるのが通常である。その場合も、個別交渉による相対取引だけでなく競争入札（ビッド）によることが多い。

一括処分は証券化の方法により行われることもある。証券化は複数の債権を一括して信託譲渡し、その信託受益権を優先、メザニン、劣後の順位に分けて、それぞれについて格付け機関による格付けを取得して投資家に売却する。

受託会社は、不良債権の回収をサービサーに委託し、債権の元本や利息の回収によって得た資金を投資家に還元する。サービサーによる回収は、交渉による場合や担保権実行や強制執行による場合がある。うまくいけば交渉過程で裁判所における和解や任意の和解を成立させて、弁済期の延長による延べ払い（リスケ）や一部免除による残額一括払いをさせて回収率の向上を狙うことになる。

さらに回収率を上げるために、不良債権を買い取った債権管理会社（asset management company：AMC）自身またはAMCから債権を買い取ったファンドなどが、対象となる企業を再生させて、回収を最大化しようとすることもある。債権の一部を放棄するだけでなく、残額についてDESを行って株式を取得し、さらには新たな出資をして債務者会社の株式を取得する。事業の統廃合や効率化を行うことを内容とする事業再構築計画がうまくいけば、企業価値や事業価値が上がり、そこで株式を売却することでアップサイドを利益として享受する。場合によっては債務者企業の株式を上場させて（IPO）、市

場で売却して利益を取得することもある。

2　バッド・バンク方式による不良債権処理

　不良債権を大量に保有する金融機関の再建策としてこれまで諸外国で採られた方法の一つが、金融機関をgood bankとbad bankに分離する方式である。正常債権を保有するgood bankと不良債権を保有するbad bankとを分離して、bad bankには専門的な手法を用いて不良債権の早期・迅速な処理を集中して行う、あるいは不良債権の価値の最大化を図る。他方で、good bankは正常業務に従事して収益をあげていく。AMCの先駆けである。

　1980年代に米国で初めてgood bank／bad bank方式が採用された。連邦貯蓄貸付保険公社（federal savings and loan insurance corporation：FSLIC）は、1984年から1986年にかけて、少なくとも10以上の貯蓄貸付組合などの金融機関を処理するのにこの方法を利用した。

　ペンシルベニア州のメロン銀行（Mellon National Bank）が用いたbad bank方式は早い時期の成功例として知られている。1987年には約16億5,000万ドルに達した不良債権（大半が不動産関連）のために、多額の貸倒引当金を積み増さなければならず窮地に立ったメロン銀行は、1988年8月、子会社の銀行（Grant Street National Bank）を設立し、その銀行に不良債権を含む合計約13億6,000万ドルの不良資産を代金6億4,000万ドルで引き取らせて（ジャンク債の発行やメロン銀行の出資などで調達した資金などが買収代金に充てられた）、不良債権の集中処理にあたらせる一方、自らは本来の銀行業務に専念して業績を回復させた。さらに不良債権回収の子会社（Collection Service社）が設立されて、債権回収の専門家が集められ、子会社銀行が買い取った債権の回収にあった。それまでは弁済期到来と更新を繰り返すことにより問題解決を先送りにされてきた不良債権の債務者は、再建計画を立てて実行するか、清算するかの二者択一を迫られた。メロン銀行は1987年と1988年に多額の損失を計上したが、早くも1989年には黒字に転じた。子会社銀行は、譲り受けた不良資産の現金化を進め、1992年頃までにはジャンク債の返済を完了し、さらに優先株式の償還に進み、1995年には株主であるメロン銀行等に対

する残余財産分配を完了させて成功裡に清算を結了させたと報告されている。不良債権ばかりの銀行を作ることに対して、当初は当時の銀行監督当局の抵抗がないではなかったようだが、メロン銀行の成功を受け、のちに連邦当局自身が整理信託公社（Resolution and Trust Corporation：RTC）を設立することになった。成功の要因は、当初の貸主と借主の関係を切断して、債権回収のプロが債務者のキャッシュフローに焦点を置きつつ処理したことである。

3　世界各国で作られた不良債権管理会社（AMC）

　諸外国には、経済危機や金融危機が起きると、政府が債権買取のための専門会社を作り、いわば緊急外科手術的に不良債権を処理して経済の再浮上に努めた例がある。この場合、政府が設立する資産管理会社では、金融機関の主要な資産（asset）である貸付債権のうち、通常は不良債権を買い取ったり信託を受けたりすることで取得したうえで、その債権の価値を最大化して処理することを主たる目的としてきた。金融機関の不良債権を管理会社（AMC）で専門的に管理・回収することが効率的であり、債権回収の極大化にもつながるという共通認識が世界各国の不良債権で悩む国に共有化されてきた。

　まずは、1989年に米国で整理信託公社が設立され、1995年の公社解散までの間に747件の破綻金融機関の処理に当たったといわれている。これは不動産に絡んで大量の中小金融機関が破綻したことから、その処理を専門的に行う機関として設立されたものであるが、取立て・執行による回収、担保権実行、個別にブローカーを仲介させて不動産等の売却、一括売却、証券化などを民間の専門業者を活用して実行した成功例とされている。

　スウェーデンでは、1993年にbad bankの役割を担う国有化された銀行の子会社セキュラムを設立し、銀行の不良債権と不良資産を移転させた。担保物の売却を値段が下がらないように工夫して売却したほか、セキュラムの子会社として事業再生専門の会社を設立して、効率的に貸付企業の再生を図ったと報告されている。1997年に始まったアジア通貨危機で東アジアと東南アジアの各国は経済的に大きな打撃を受けた。IMF管理下に入った韓国は、1997年に韓国資産管理公社を設立し、不良債権処理を行った。1997年から

2002年までの間に、12の健全な銀行の不良債権の半分とその他の銀行の不良債権全部を買い取り、債権の回収を行ったが、特徴的なのはドイツ銀行、モルガンスタンレーなどの外資系投資銀行とジョイントベンチャーで不良債権を一括して移管し証券化するなどの手法も用いたり、リーマン・ブラザーズなどとのジョイントベンチャーとしてCRC（corporate restructuring company）を設立して、再生の見込みがある企業の再生を図ったりしたことである。また同様にアジア通貨危機で打撃を受けたマレーシアでは、1998年にダナハルタという公的資産管理会社を設立して、不良債権の早期迅速な処理、事業再生を行った。ダナハルタは、マレーシアのほとんど全部の金融機関である約70の金融機関から不良債権を買い取り不良債権処理に当たった。不良債権比率が高い金融機関は不良債権をダナハルタに売却して不良債権比率を下げることが義務付けられたし、ダナハルタの買受申し出を断った金融機関はその申し出金額まで債権を償却しなければならないものとされて、事実上ダナハルタへの不良債権の移行が強制された点に特徴があった。回収方法としても、和解や担保権実行のほか、特別管財人（スペシャル・アドミニストレーター）を選任して債務者会社を管理させ事業再生に取り組み、事業価値を高めて売却する手法も使われたことに特徴がある。

4 日本における不良債権の資産管理会社の発達

前述したように、日本の倒産制度の特徴の一つは、政府による事業再生への関与の度合いが強いことである。日本においてもバブル崩壊を契機に、このような資産管理会社により不良債権処理を図る制度が積極的に作られるようになり、整理回収機構（RCC）、産業再生機構（IRCJ）、企業再生支援機構（ETIC）、地域経済活性化支援機構（REVIC）とその系譜は現状でも続いている。現在も活動しているのはそのうちRCCとREVICである。

当初はRCCが設立されて不良債権の回収を専門に行っていたが、その後2003（平成15）年にIRCJが設立されてから日本の官による事業再生への関与が本格化した。同時期に中小企業の再生をサポートする中小企業再生支援協議会（現在の中小企業活性化協議会）も設立されて、大規模な再生はIRCJ、

中小企業は活性化協議会との住み分けができた。その後IRCJは解散し、2009年に企業再生支援機構（ETIC）が設立され、商号変更を経て現在の地域活性化支援機構（REVIC）につながっている。

(1) 整理回収機構（RCC）

　1995（平成7）年に、破綻した金融機関の債権を回収するための整理回収銀行ができた。また住宅金融債権管理機構は、1996（平成8）年に設立され、破綻した住宅金融専門会社（住専）の債権を引き取って回収した。1999（平成11）年に住宅金融債権管理機構と整理回収銀行が合併して現在の整理回収機構が誕生した。預金保険機構が100％出資している政府系機関である。当初は回収専門であったが、2001（平成13）年の金融再生法の改正により事業再生機能が付加され債務者企業の再生に関わっており、そのスキームは「RCC企業再生スキーム」として公表されている。これも準則型私的整理の範疇に入る。

(2) IRCJからETIC、REVICへの変遷

　産業再生機構（IRCJ）は2003（平成15）年4月に設立された。全国の銀行から合計約500億円の拠出を受け、預金保険機構と農林中央金庫も株主となり設立された半官半民の性質を有する株式会社である。政府保証により10兆円の資金を調達し、債権買取等の資金として運用することができた点に特徴があり、不良債権の買取りを行った。金融機関が不良債権をIRCJに譲渡するかどうかは任意であったため、当初はあまり案件が持ち込まれなかったが、法律で決められていた債権買取期間が満了した2005（平成17）年3月末日までに、ダイエー、カネボウ、三井鉱山、ミサワホーム、大京を含む41の企業グループ（合計195社）について再生支援の決定をした。産業再生機構は取得した株式と買い取った債権を支援決定後3年以内に売却することが決められていたので、その間に事業再生をハンズオンで行ってきたのであった。2007（平成19）年3月に1年前倒しで解散した。
　その後、2009（平成21）年に企業再生支援機構（ETIC）が設立された。

ETICで特徴的なのは、地域や地方に目を向けて、中堅企業や中小企業の事業再生を支援する目的をもったことである。他方で、当時窮境に陥った日本航空の会社更生において管財人となるなど大型再建に関与した。

　現在活動している地域経済活性化支援機構（REVIC）は、ETICが2013（平成25）年に商号変更したものである。名前から分かるとおり地域金融機関の地域活性化への取組みを支援すること目的としており、地域の企業の事業性評価をサポートしたり、ファンドの設立・運営、事業再生をサポートしたりしている。特に事業再生の支援業務では、窮境にある事業者自身に対しては経営人材を投入してサポートしたり、出資によって資金支援を行ったりしている。事業者の金融債権者に対しては、公的・中立的立場を生かして利害調整を行うべく金融支援の依頼を行い、支援決定を前提にして債権買取を希望するか、弁済計画に基づく回収を行うことを同意するかの回答を求めて、債権者が債権買取を希望した場合には債権の買取りを行う。ETIC設立以来2018（平成30）年3月までの再生支援決定件数は106件であり、そのうち92件が中小企業や医療・学校など地域密着型の事業者である。売上高30億円未満の事業者が57％を占めており中小企業へのサポート中心であることが分かる。前述したように、このような事業再生支援については、2019（平成30）年頃には民業圧迫であるとの批判を受けて支援事業を中止した時期もあったが、コロナ禍でREVICの支援業務への期待から、2020（令和2年）年5月の閣議決定で支援事業を再開する旨が決定され今日に至っている。

5　政府によるさまざまな関与形態

(1)　一時国有化等による保護

　上記のように、政府が不良債権処理のための資産管理会社設立に関与する場合もあれば、そのほかの関与の仕方もある。

　例えば、窮境にある金融機関や企業の国有化である。日本においてもバブル崩壊後の1990年代後半において、日本長期信用銀行と日本債権信用銀行が金融再生法に基づく特別公的管理に入り一時国有化されたことは、当時の日本において大きなショックをもって受け止められた。その後、両銀行とも入

札を経て投資ファンドが購入し、再建を果たして今日に至っている。

　米国においても、2007年、住宅バブルが崩壊したことに契機に発生したサブプライムローン問題から、サブプライムローンの保証業務を請け負っていた連邦住宅抵当公庫（ファニー・メイ）や連邦住宅金融抵当公庫（フレディ・マック）といった政府系金融機関が経営危機に陥り、その後国有化されて政府主導で再建が図られた。また、同様のサブプライムローン問題に端を発し売上げが低迷した米国自動車大手のGMは、多額の負債（約16兆円）を計上し、2009年6月にチャプター・イレブンを申請して、米国政府とカナダ政府が株式を保有する国有企業となった。その後、新会社として新生GMが設立され、そこに旧GMから優良資産が売却され、事業を継続して今日に至っている。政府は、新会社の株式売却と旧GMの資産売却で公的資金を回収した。チャプター・イレブン手続を申し立てたものの、その後に政府の手厚い援助が行われた事例である。

　他方で、政府が国有化等の関与をしなかったことで物議をかもした有名な事例として、2008年、サブプライムローン問題からチャプター・イレブン手続を申請した投資銀行のリーマン・ブラザーズの事件がある。約64兆円の巨額の損失を抱えたものの、米国政府の手は差し伸べられず、リーマン・ブラザーズの破綻により世界中が突然の大金融恐慌に陥ったのであった。関係した不良債権の処理にも多大の費用と時間を必要としたといわれている。また、上記GMと並ぶ米国自動車大手のクライスラーは、2009年、GMの倒産と同時期に倒産してチャプター・イレブン手続を申請しているが、こちらはむしろ申立てから1か月で倒産手続が完了して、ヨーロッパの自動車大手フィアットの傘下に入ったことから政府の関与は不要であった。このような例に接すると、政府が倒産事件に関与するべきか否かの判断は、極めてデリケートなものであることが分かるし、一つ間違えると世界恐慌を起こしかねない場合もあることが分かる。

⑵　政府によるターンアラウンドサポート
—中小企業再生支援協議会から中小企業活性化協議会へ

　経済産業省は、2022（令和4）年4月、中小企業再生支援協議会と経営改善支援センターを統合し、中小企業活性化協議会を設置した。これに先立ち、経済産業省は、2022年3月、コロナ資金繰り支援の継続や増大する債務に苦しむ中小企業の収益力改善・事業再生・再チャレンジを促す総合的な支援策を展開するため、金融庁・財務省とも連携して「中小企業活性化パッケージ」を策定・公表した。中小企業再生支援協議会と経営改善支援センターの統合は、その政策目標を遂行するための施策の一環であり、これまで中小企業再生支援協議会の担ってきた役割をさらに深掘りしたものであると評価されている。

　中小企業再生支援協議会は、2003（平成15）年に、産業再生機構法と同時に成立した改正産業活力再生特別措置法（現在の産業競争力強化法）によって設けられた組織で、商工会議所などが主体となって、各都道府県に設置されて活動が開始された。当時の産業再生機構が専ら大企業を対象としていたことから、中小企業の再生に特化した組織が作られたのである。

　前述したように中小企業再生支援協議会には、企業再生について専門的な知識経験を有する弁護士、公認会計士、税理士、中小企業診断士、金融機関OBなどが常駐している。まずは一次対応と呼ばれる窓口相談に応じて問題解決のための適切なアドバイスをしており、それ以上の弁済計画案等の作成支援をする場合には二次対応と呼ばれる手続に移行する。二次対応では、専門家によって組成される個別支援チームが計画案策定の支援を行う。計画案については、個別支援チームに参画した外部弁護士がその内容、実行可能性、経済合理性等を調査して調査報告書を作成し、対象債権者に提出する。債権者会議において対象債権者全員が弁済計画案に同意すれば計画は成立して、対象企業の再生が進んでいくことになる。

　中小企業再生支援協議会が業務を開始した2003（平成15）年以来2022年（令和4年）年3月末までの間に、相談件数累計は5万4,000件以上、そのうち再生計画策定支援が完了したのは1万6,000件以上であると報告されてい

る。

　また、直近の実績を見てみると、再生計画策定支援が完了した企業の規模としては、2021年4月から2022年3月まで（令和3年度）においては、これまでと同様に、売上げ1億円以下の小規模企業から50億円を超える中堅企業まであったが、従業員数から見ると従業員20名以下の小規模な企業が累計全体の約50パーセントを占めている。2021年4月から2022年3月まで（令和3年度）の金融機関からの持ち込み案件は1,017社中623社と全体の60パーセントを占めており、その中でも地方銀行からの持ち込みが286社と最も多いことから、地域金融機関が不良債権処理を進めようとしていることがうかがわれる。

　再生計画による経営改善の中身としては、製品別や部門別などの損益を経営者が判断する資料を作る管理会計の導入により選択と集中を実施し、収益性の高い部門へのシフトや製造原価、販売管理費の低減によりキャッシュフローを増やしたことなどが報告されている。中小企業の再生のためには、そうした基本的なことを一つひとつ確認していく作業が重要である。営業譲渡などを実施した例、会社分割により新会社に事業を譲渡して旧会社を清算した例、従業員が会社を買い取って事業を存続させたエンプロイー・バイアウト（employee buyout：EBO）の例なども報告されている。

　バランスシート改善のための財務リストラクチャリングの方法に関しては、2012（平成24）年から2021（令和3）年の間に抜本的な再生計画を作成した事件数は合計で1,635件、そのうち債権放棄は77件、第二会社方式は750件、DESは21件、DDSは787件となっている。債権放棄ではなく、第二会社方式による再生やDDSによる返済期間の延長などの方策が多い。

　なおコロナ禍に対応するため、2020（令和2）年4月からは、新型コロナウイルス感染症特例リスケジュール（特例リスケ）支援を開始した。新型コロナウィルス感染症の影響で業況が悪化して資金繰りに問題が出た中小企業に対して、抜本的事業改善ではなく、資金繰りのために1年間の元本返済猶予など、借入返済のリスケジュールの作成や新規借入を含めた金融機関調整による合意形成を支援するものである。2020（令和2）年4月から2021（令

和3）年9月までの累計で特例リスケの相談件数が約5,600件、再生計画策定支援完了が約3,600件と突出して多く、同支援が有用であることが裏付けられている。今後はアフターコロナを見据えて事業の改善のサポートを行い、事業継続アクションプランの作成支援も重要となろう。

　ちなみに、中小企業活性化協議会にはREVICにあるような出資機能はない。そこで、後述の中小企業基盤整備機構や地域金融機関などが関わって、各都道府県に地域再生ファンドが作られ、地域の企業に対する出資機能をこれらのファンドが担って、再生の支援をしている。

第 5 章

事業再生と法制度

日本における倒産法制

　倒産した企業や破綻した企業の処理、あるいは窮境企業の救済のための法的な手段として、破産、特別清算、民事再生、会社更生がある。破産と特別清算の手続は、再建しないで、企業を清算するために行われるが、清算の過程で企業が経営する事業の全部または一部を他の会社に譲渡して、事業自体は継続させることがある。民事再生と会社更生は、倒産企業またはいまだ倒産や破綻はしていないが、窮境にある企業を再建するための手続である。これらを法的倒産制度という。それぞれ破産法、会社法、民事再生法、会社更生法によって定められる法的な手続である。

　このほかに準則型私的整理（準則型倒産手続）と呼ばれる手続がある。これは、大きな再建枠組みが法定され、細部については私的自治が尊重される手続であり、倒産した債務者または窮境にある企業と、複数の債権者とが相談して、合意のうえで集団的に債務者の資産と負債を処理して清算し、または再建計画案を構築して、債務者である企業を再建させることが予定されている。

　さらに、法定の手続をまったく経ずに、債務者と債権者団との合意により、債務者の資産と負債を処理していく純粋な私的整理手続もある。

純粋私的整理

1 伝統的な私的整理

　純粋私的整理とは、伝統的に我が国において行われていた私的整理である。長い間行われてきた手法であることから伝統的私的整理と呼ばれることもあるし、法定の手続によらないという意味で任意整理と呼ばれることもある。

　純粋私的整理を上手に遂行することは難しい。民事再生や会社更生のような法的再建手続であれば、手続が法律で厳格に定められているので、いわば新幹線（債務者企業を象徴）がレールの上を走っていくようなものであり、弁護士1年生でも手続進行を取り仕切ることはできる。ところが純粋私的整理となると、いわばオフロード車で、レールのない荒野の道なき道を切り開いて進んでいくようなものである。担当する弁護士もそれなりの経験や決断力、胆力がなければうまくできない。債権者の信頼を得て、手続を前に前にと進めていく経験豊富な倒産弁護士が必要となるであろう。もちろんレールの上を走っている新幹線（債務者企業）でさえも、その車内では、従業員の労働問題も起こるし、コンプライアンスをはじめとする会社法関係の問題が発生する。外では、取引先との取引、未払税金、環境汚染をはじめとするあらゆる法律問題が発生する。まさに倒産は法律問題の坩堝という言葉がぴったりである。

　このような純粋私的整理は、2000（平成12）年に民事再生法が施行されるまではそこそこの数の利用があったといわれている。それまでの再建型手続であった和議手続が債務者の債務逃れに利用されることや濫用事例が多かったことから利用が限定され、逆に純粋私的整理が利用されたようである。もっとも、和議法が廃止され民事再生法が制定されて手続の合理化が図られ

たことから、それまで私的整理で処理していた案件の多くが民事再生で処理
されるようになっていった。

2　再建型の純粋私的整理

(1)　私的整理の種類

　純粋私的整理は当事者の合意のみがその拠り所であり、そのほかに決めら
れた手順や準則があるわけではない。弁護士などそれに携わる者が蓄積した
ノウハウに頼っており、その進め方にはバラエティがあるが、私的整理のお
およその概要は以下のとおりである。

　まず、私的整理の分類には何種類かのパターンがある。一つの分け方は、
私的整理を清算型私的整理と再建型私的整理に分ける方法である。清算型私
的整理では、債務者企業は事業を停止し、最終的には債務者の財産すべてを
売却して、その売却金額を債権者間で分配すれば終了となる。他方で、再建
型私的整理では、当該企業の再建計画を立案して、債権者と債務者が全員で
再建計画に合意をしたうえで、再建計画の実行を図り、債務者企業を再建す
ることで弁済の極大化を目指すことになる。

　また別の分け方として、債権者主導型の私的整理と債務者主導型の私的整
理がある。債権者主導の場合には、多数の債権者がそれぞれのやり方で債務
者の所有する財産の回収や現金化をするのではなく、いったん債権者委員会
を組織して、その代表者である債権者委員長が、債務者資産の売却や各債権
者への配当の実務を行う。他方で、債務者主導の場合には、債務者自身では
なく、債務者から委任を受けた経験豊富な倒産弁護士が主体となり、債務者
資産や負債の調査を行い、それを債権者に報告し、その後に債務者財産の売
却や現金化、債権者への配当を行うことが通常である。債権者に対して不義
理をして信用の失墜している債務者自身ではなく、経験豊かな弁護士により
信用補完をして、債務者企業の清算や再建を、秩序立てて、公平かつ平等に
行っていくわけである。特に再建型私的整理の場合には、債務者が一生懸命
やらなければ再建は成功しないため、債務者主導型が多い。

(2) 私的整理の開始時の準備が重要

　かつて、私的整理は、手形不渡りがきっかけとなって開始されることが多かった。手形不渡りが知られて倒産が公になると、取立てのために債権者が一斉にトラックで債務者のところに乗り付ける「取り付け騒ぎ」が起きた。債権者が債務者のもとに押しかけて、我先にと工場や倉庫や事業所に残っている金目の物をトラックに積んで引き上げてしまうのである。放っておくと、原材料納入業者や商品供給業者や貸金業者などが、自分で納品した物だけでなく他の業者が納入した物や預かり品や機械設備や車両運搬具までも搬出してしまい、倉庫や工場がカラになってしまうということもあった。これでは、とても再建はできないし、債権者が我先にと債権回収に走ることから、秩序だった清算、公平で平等な清算もできない。

　そこで、事件を担当する弁護士は、倒産の事実が債権者に知れわたる前に、原材料や製品、車両運搬具などを工場内や倉庫内に搬入して厳重に施錠し、警備会社に依頼して警備員を派遣して張り付けるなどの予防措置を講じる必要がある。筆者の経験上、担当弁護士として事前に万全の措置を採っていれば、債権者も他の債権者と平等に扱われ先を越されないことが分かり、安心して、その後の私的整理の手続進行に協力してくれるものである。最初が肝心である。

(3) 債権者集会の概要

　準備が整ったところで、できるだけ早い時期に債権者集会を開催するのがよい。

　債権者集会では、債務者会社の代表者の陳謝、会社役員から倒産や手形不渡りに至る経過報告がなされ、債務者代理人弁護士が倒産原因や財産状況などについて説明して、今後の再建あるいは回収の方針や見通しを説明する。用意する資料は、直近の財務諸表、過去5年間程度の比較貸借対照表と比較損益計算書、清算貸借対照表などである。清算貸借対照表は、再建しないでそのまま破産的な清算をしてしまった場合に、資産がいくらで換金でき売掛金などがどれだけ回収でき、担保債権を返済し、労働債権（給料賃金や退職

金）や税金などの優先債権を支払ったあと、いくら配当可能原資として残るかが示されている。

　出席した債権者からは倒産の原因、役員の責任追及、今後の再建の実現可能性などの質問がある場合もある。また、債権者委員会の組成や債権者委員長の選任が議題となることもあるし、各債権者の個別の権利行使や抜け駆け的行為は差し控えるよう一同で合意することもある。この最初に行われる第1回債権者集会で清算するか再建させるかが決められることもあるが、債権者委員会で調査検討し、債務者と協議したうえで次回の債権者集会で決定すると決められることも多い。

　このような債権者集会では、資料が立派に準備されていると計画倒産ではないか、いつから弁護士が関与したのかと債権者から責められる。一方で、資料が杜撰だと債権者を軽視している、私的整理に納得できない、賛成できないと叱られる。どちらにせよお叱りを受けることとなる。なお、金融機関はこのような私的整理には参加しない。なぜなら、担保による債権の保全がしっかりしていることが通常であり、このような私的整理手続に関与して、債権者集会に参加するメリットがないからである。

　次の債権者集会では当該再建計画案を債務者案として提示して賛否を問う。その場で諾否を表明する者もいないではないが、多くは持ち帰って検討し、後日、債務者会社の担当者が「同意書」を集めてまわる。このころには、債権者は、むしろ自分が連鎖倒産しないように生き残り策に忙殺されている。

　再建計画案に債権者が全員同意すれば私的整理は成立し、その計画案のとおりに「債務の一部免除と期限の猶予」が実施されて手続は終わる。どうしても賛成しない債権者がいる場合には、比較的少額な債権者ならば、他の債権者の同意を得て、その少額債権者に弁済して手続から分離し、再建計画を遂行することも考えられる。他方で、大口債権者や相当な数の債権者が反対している場合には、民事再生手続の申立て、特に簡易再生の申立てをして法的倒産手続に乗せつつも、早期に民事再生手続を終了させて債務者会社の再建を軌道に乗せていくことも考えられる。

3　清算型の私的整理

　上記の説明は、主として再建型の私的整理を想定したものである。清算型
私的整理の場合は、もっと簡単である。債務者企業に残っている原材料、製
品や商品を債務者代理人なり債権者委員長が第三者に売却し現金化し、また
残っている売掛金を回収して、一般債権者に債権額に応じた比例弁済、いわ
ゆるプロラタ弁済をすればよいからである。

　かつて、東京・日本橋にあった繊維問屋街や埼玉・川口の鋳物業界では、
無数の同業者がいて好況期不況期を問わず倒産が絶えなかった。同業者の中
で倒産が起こると、業界内の信用のある者が債権者委員長に選任されて、在
庫品の処分などを取り仕切った。納品業者が分かっている品物は、その売主
に民法上の動産売買先取特権があるので、売主である債権者に返品してその
分の代金を弁済したものとして扱い、売主が全額弁済を受けてもなお債務者
のもとに残っている品物があれば、売主に何割引きかで引き取らせて、その
代金を配当財源にした。返品先がない品物は、債権者を集めて任意の競売に
かける。得意先に残っている売掛金を回収して、それも配当財源にした。

　純粋私的整理は、倒産してから2〜3か月、遅くとも半年以内には終了す
ることが目標となる。かつて、私的整理は時間がかからないし、お金もかか
らないので、よく利用されるなどといわれた。裁判所に破産や民事再生の申
立てをした場合には、手続に時間を要するうえ、管財人や監督委員の報酬に
充てるための予納金を納付しなければならないからである。しかし、近頃で
は破産や民事再生の手続は早く進められるようなったし、予納金の額も少な
くなった。時間と金がかからないことは、かつてほどは法的整理と比べての
私的整理の利点とはいえない。

4　純粋私的整理の問題点

　このような純粋私的整理の大きな問題点は、整理屋や取立屋の不当な介入
があることである。

　債権者の代理人として出席した整理屋が、債権者委員会の委員長に選ばれ

て債務者財産の売却が任されてしまうことは、過去には少なからずあった。初めての集会に出席する整理屋は紳士然として物が分かったような発言をする。そのため自分が二次破綻しないように資金繰りに追われるなどした債権者が整理屋を債権者委員会の委員長に選んで、債権回収や債務者資産の売却を任せてしまうのである。整理屋はいったん委員長に選ばれると、債務者の資産を私物化して私腹を肥やしたり資産をもったままいなくなったりする。こうした輩が関わると、公正で平等な整理が行われないことは明らかで、私的整理は頓挫する。資産もあらかた売却されてしまっていることから、清算型の法的手続である破産の申立てをするしか選択肢がなくなる。

　仮に整理屋などが介入しないとしても、大口債権者が債権者委員長になることが多く、自分が倒産の最大の被害者であるから、みんなを取りまとめる代わりに、自分にだけ多く弁済させる、担保や保証を付けさせるなどの偏頗な行為を要求することがある。私的整理に関連して裁判になった事例には、債権者委員長による偏頗弁済を問題とする事例も多い。法的倒産手続では、そうした偏頗行為や債権者の利益を損なう詐害行為を取り消して、もとに回復させる否認権という制度が用意されているが、私的整理にはそうした手段がなく、それが私的整理の弱いところである。

　このような事態を招かないための一般の債権者の対応策としては、債務者財産の回収に常に注意を払うとともに、再建計画の実行や債権回収の実務を担う者に対して、私的整理手続における透明性を要求し、また定期的なモニタリングをする必要がある。

第**3**節

準則型私的整理

1 21世紀になって発達した新しい手続

　準則型私的整理とは、私的整理による債務処理手続として一般に公表された公正かつ適正な準則に基づいて進められる私的整理のことをいう。純粋私的整理でもないし、破産法や民事再生法をはじめとする倒産4法で精緻かつ詳細に規定されている手続でもない。その間にあって、法律やガイドラインなどに基づいて定められた手続ではあるが、その手続の内容については法律やガイドラインで詳細に規定されてはおらず、むしろ関係当事者の創意工夫を尊重するという将来志向の手続であるということができる。再建型の手続に特化した手続である。

2 私的整理のガイドラインの隆盛と凋落

　この準則型私的整理の嚆矢となったのは、2001年に公表された私的整理に関するガイドライン（私的整理ガイドライン）であった。不良債権処理の促進などを掲げた政府の「緊急経済対策」を受けて作られたもので、複数の金融機関に対して返済困難な債務を抱えた企業のうち、過剰な債務をある程度軽減することなどにより、再建できる可能性のある企業を救済するために、債務者企業と複数の金融機関が協議したうえで、債権放棄やDESなどの金融支援をするための私的なルールである。債権者として手続に参加する対象が、全債権者ではなく、原則として金融機関（金融債権者）だけである点に特徴がある。

　このガイドラインが参考としたのは、弁護士や公認会計士などの倒産実務家で組織された世界最大の団体であるINSOL（インソル）が作成し、各国に採用を勧告した債務者と多数債権者間の裁判所外のワークアウトに関する

「INSOL 8 原則」であった。このINSOL 8 原則自体も、複数の銀行が協調して過剰債務を軽減するための金融支援を行うための手続の準則であるロンドン・アプローチという不文律を参考にしたものであった。このロンドン・アプローチは、日本における日本銀行に相当するイギリスのイングランド銀行が長年かかって定着させ、ユーロトンネルを作った会社が複数の国にまたがる複数の銀行に対して負担した過剰債務を整理するためにも使われたとのことである。もっとも、INSOL 8 原則は事業再生の手続だけをルール化したものであるが、日本の私的整理ガイドラインでは、金融機関からの提言もあり、再建計画案の内容まで踏み込んでルール化している点で異なるといわれている。

　ガイドラインの作成には、経済団体連合会（現・日本経済団体連合会）や全国銀行協会をはじめとする経済界・金融界の代表ばかりではなく、財務省、金融庁、経済産業省をはじめとする政府担当者も参加していた。そのために、私的整理ガイドラインは事業再生において債権者となる金融機関も尊重し遵守するソフトローとなって、数十件の実績を誇った。

　ところが、このガイドラインを運用していくうえで次第に「メイン寄せ」と呼ばれる問題が顕在化してきた。私的整理を成立させるためには金融債権者である対象債権者全員の賛成を得なければならない。その場合、倒産法一般の原則からすれば、プロラタつまり債権額に応じた弁済が行われることで再建計画が公平・衡正であるといえ、債権者間の平等が貫けるはずである。ところが、このガイドラインが使われていた当時、日本では伝統的なメインバンク制の考え方がまだまだ盛んであり、金融債権者一般の考えとして「当該債務企業が倒産したのであればその面倒はメインバンクが見るべきである」という固定観念があった。しかも、このガイドラインでは、私的整理の申立ても、債務者企業とメインバンクが両者共同で行うことと規定されていた。そうすると、メインバンク以外の金融債権者（非メインバンク）は、再建計画に含まれる弁済計画において、メインバンクと自分たちとの間ではプロラタ弁済はむしろ衡正ではなく、実質的な平等に反するとの考えに基づき、メインバンクが自分たちよりも大きな割合の債務を負担するべきであ

る、つまりメインバンクの債権放棄率（カット率）を相対的に非メインバンクよりも大きくするべきであると主張してきたのである。これがメイン寄せの問題である。そのために、メインバンクは次第にこのガイドラインによる債務者企業の救済に積極的でなくなり、代わって、次で説明する事業再生ADRがその役割を担うことになったのであった。

3 事業再生ADR手続の隆盛

(1) 事業再生ADRの概要

事業再生ADR手続は、2007（平成19）年に成立した手続である。このADRとはAlternative Dispute Resolutionの略称であり、裁判外紛争解決と訳されている。つまり事業再生の局面において、民事再生や会社更生のような法的再建手続を使わずに、準則型私的整理によって過剰債務に悩む企業の再建を手助けする制度である。ちなみに準則型となる根拠法は産業競争力強化法（以下「産競法」）である。

民間の紛争解決事業者が、ADR法に基づき法務大臣の認証を得て認証紛争解決事業者となり、さらに産競法に基づく経済産業大臣の認定を得て「特定認証紛争解決事業者」となって手続を主宰する。現在はこのような特定認証紛争解決事業者は事業再生実務家協会のみとなっている。

中立的な専門家である手続実施者が、金融機関等の債権者と窮境にある債務者の間の調整を実施するのが基本構造である。手続で対象となる債権者は原則として金融機関だけである。手続の申請も債務者企業だけで行うこととされ、メインバンクの申請への関与がなくなったことから、メイン寄せはなくなり、メインバンクも含めて金融債権者を平等に取り扱う基盤ができた。

また非公表の手続であることから、秘密裏に会社を再生できる。商取引債権者に対しては従来どおり契約で定めた期日に弁済を行うことから、事業再生ADR手続を行っていること自体知られることがなく、取引上の信用不安等に陥るおそれがない。ただし、あくまで私的整理であることから、事業再生計画案の成立には全債権者の同意が必要である点に特徴がある。

事業再生実務家協会には、2022（令和4）年6月までに90件289社の申請

があり、そのうち計画案が成立したのは60件219社であるとのことである。開始から終結までの平均期間は約6か月となっている。成立していない事件は取り下げられて法的倒産手続に移行しているものと推測される。

(2) 手続の流れ

ア 申立てと一時停止の通知

手続の流れを概観する。まず経済的な窮境にある債務者が、特定認証紛争解決事業者に事業再生ADR手続の利用を申請する。

特定認証紛争解決事業者が正式受理をすると、特定認証紛争解決事業者と債務者との連名で対象債権者である金融機関に対し一時停止の通知を発する。ここでは、対象債権者となる金融機関は広義に捉えられており、銀行、信用金庫、信用組合、農協に限らず生損保会社、リース会社やノンバンクも含まれる。これによって金融債権者は個別に債権を回収したり、担保権を新たに設定したり、既存の担保権を実行したり、法的倒産手続の申立てを行ったりするなど、債務者に対する自己の地位を改善する行為を行うことが禁止される。つまり、対象債権者間の相対的地位を一時停止の時点で固定し、金融債権者の与信残高（貸金残高）を維持し変更できないようにして、対象債権者間の不公平が生じないようにするとともに、対象債権者である金融機関からの取立てが行われて債務者が倒産するという最悪の事態に陥ることを回避しながら、事業再生ADR手続のための話し合いのテーブルに着く前提とするのである。

もちろん、一時停止の通知の対象となるのは金融債権者だけであり、商取引債権者は事業再生ADR手続の期間中もこれまでと変わらず取引を継続される。

イ 第1回債権者会議

一時停止の通知後、原則2週間以内に第1回債権者会議を開催する。この債権者会議は「事業再生計画案の概要の説明のための債権者会議」と呼ばれている。

①債務者が自己の資産・負債の状況、事業再生計画案の概要を説明し、②

会議体の議長と手続実施者を選任する。この手続実施者は企業再建の経験豊富な弁護士、公認会計士やコンサルタントが選任されており、通常は３名である。また、③上記一時停止の通知の内容と期間を事後的に追認し、かつ第３回の会議までの一時停止期間の延長を確認する。さらに、④第２回債権者会議すなわち「事業再生計画案の協議のための債権者会議」や第３回債権者会議すなわち「事業再生計画案の決議のための債権者会議」の期日をあらかじめ決定する。事業再生ADRにおける決議は、対象債権者全員の同意に基づくことが原則であり、例外的に対象債権者の過半数で決議できるものがある。特に重要な事項である一時停止の内容と期間、第３回会議の日時と場所の決議には、原則どおり全員の同意が必要とされている。

ウ　事業再生計画案の内容

　第１回債権者会議では事業再生計画案の説明が行われるが、いまだ再生計画案の具体的内容が決まっていないことも多く、その概要を説明するだけで終了することも多い。対象債務者は、この会議終了後、第２回債権者会議までの間に事業再生計画案を完成させ対象債権者に提出する。

　再建計画案の内容は大きく分けると２つに分かれる。財務の再構築と事業の再構築である。財務の再構築すなわちデット・リストラクチャリング計画においては、対象債権者の債権放棄額、期限の猶予（延べ払い）、金利の減免等の具体的な内容を決定する。他方で事業の再構築すなわちビジネス・リストラクチャリング計画においては、事業部門、工場、店舗や子会社などの閉鎖や売却を計画し、残存させる利益を見通せる部門をどのように改善して収益があがるようにするかを計画する。

　債務者事業について債権放棄を要請する再生計画案を作成する場合には、そもそもの条件として債務者に事業価値があり、重要な事業部門で営業利益が出ているなど、債権者が支援すれば再生の可能性がある企業でなければならない。ここでいう事業価値とは、技術、ブランド、商圏、人材などの事業基盤があり、事業の収益性や将来性があることである。

　さらに、特徴的なのは再建計画案の内容についても縛りがある点である。債務者が債務超過の状態にあれば、再生計画成立後、次の会計年度を含む３

年以内に債務超過の状態を解消することが求められる。債務者に経常損失が発生している場合、同様に３年以内に経常利益を黒字化することが必要である。したがって、債務者は３年を目途に会社の再建を図る計画を策定しなければならない（ただし、それ以上の期間を必要とする業種等もあり、例外的に数年延長される計画も実際にある）。

また株主責任を明確化するために、株主の権利の全部または一部を消滅させなければならない。本来、債権者に債権の減免を求めるのであるから株主の権利を全部消滅させてよいとも思われるかもしれないが、債務者が上場企業である場合などはむしろ株式を全部消滅させると上場廃止となるおそれがあり、さらに企業価値を毀損することとなって、再建計画に基づく弁済の履行可能性を悪化させるおそれもある。したがって、事案によっては、株主の権利の全部を消滅させずに事業再生を図る方が対象債権者にとって得策であることもある。

もちろん経営者責任（経営責任）も問われる。経営悪化の責任を取って役員の退任も要求される。経営悪化の原因をつくった経営者が更迭されたあとで再建のために送り込まれた現経営者がいればその者は退陣する必要はない。また経営悪化に責任がある経営者であっても、その役員を退陣させることが事業再生に著しい支障を来す場合には例外的に退任しなくてよい。地方の中小企業において、社長を退任させると代替する経営者が見つからず、しかも社長が技術やノウハウを一番知っており取引先との人脈もあるような場合には、退任させず、むしろ債務者企業を再生することに尽力させる方が債権者にとって有用であることもある。

再生計画案には、経営困難な状況に陥った経過や原因を説明する書面、過去と現在の財務諸表や将来の収支計画、資金繰り計画表なども添付される。各対象債権者に対する債務額、担保設定状況、担保によってカバーされていない無担保の債権額、債権放棄要請額なども含まれる。これらの資料は民事再生や会社更生において裁判所に提出される資料とほぼ同一であることも多いが、事業再生計画案の同意を得る債権者がすべて数字に長けた金融機関であることから、より詳細な資料の提出が要請されることもある。

再生計画案においてスポンサーに事業を売却することが含まれている場合には、この期間にスポンサー選定手続も実施され、スポンサーの意向を含めた再生計画案が作成される。

エ　第2回債権者会議・第3回債権者会議

第2回の協議会議の前に、手続実施者は、債務者によって作成された再生計画案の内容を調査し、調査報告書を作成して、事業再生実務家協会及び対象債権者に提出する。第2回の協議会議において、手続実施者は、調査報告書の内容を報告し、事業再生計画案の公平性・妥当性・経済的合理性を検証した結果についての意見を述べる。対象債権者と意見交換を行う機会でもある。

その後、対象債権者の内部決裁も考慮しておおよそ1か月後を目処に第3回の決議会議が招集される。ここでは債権者が事業再生計画案に同意するか否かを書面にて決議を行う。書面決議では全員の同意があれば再生計画案が成立する。ここで全員の同意が得られない場合には、法的整理へと移行することとなる。

オ　事業再生ADR手続不成立の場合の法的整理への移行

事業再生計画案の同意が得られずに事業再生ADR手続が挫折した場合、債務者は民事再生や会社更生など法的再建手続へ移行するなどして事業再生を継続することを検討する。その場合に、これまで対象債権者が合意してきたプレDIPファイナンス（法的倒産手続開始前に必要となる資金の融資）を尊重し、また債権者と検討してきた再生計画案の内容を前提とした民事再生の再生計画を立案できれば簡易である。民事再生で再生計画を可決する要件は全員一致ではなく緩和された要件であることから、民事再生において債務者の再生計画案を、一部の債権者の反対を押し切って債権者集会で可決され、裁判所から認可される可能性は高くなるし、何よりも債務者の迅速な再生を図ることができる。また逆に、法的手続において事業再生ADRでの手続を尊重した取扱いをしてくれるのであれば、事業再生ADR手続に参加する対象債権者も安心して手続参加を進められる。このような観点から、産競法において以下のような内容を規定している。

まずプレDIPファイナンスの保護である。プレDIPファイナンスは、事業再生ADR手続中の債務者が、債権者との交渉中に資金繰りに窮してしまって、やむをえず民事再生などの法的整理に移行するようなことがないように、ある債権者（プレDIPファイナンサー）が当該融資金の返済について優先的な取扱いを受ける旨の同意を他の対象債権者すべてから得てから、融資を実行するものである。DIPファイナンスが、民事再生などの開始決定後に融資されるものであるのに対して、それより前に融資されることからプレDIPファイナンスと呼ばれている。

　前述したように、このプレDIPファイナンスは、その他の既存の金融債権よりも最優先で弁済されることが対象債権者間で合意されている。ところが、民事再生手続が開始するとこの債権も再生債権となり、その他の債権と同様に民事再生の再建計画に基づき平等に支払われるという原則が適用されるのであれば、リスクを冒して資金供与したプレDIPファイナンサーにとっては不合理である。そこで、産競法上、プレDIPファイナンスによる資金の借入れについて、その返済を優先的に取り扱うことについて対象債権者全員の同意を得ていることなどを特定認証紛争解決事業者が確認した場合には、裁判所は、再生計画案を認可する際に、その弁済の優先性について再生計画案の衡平性の観点から（プラスに）考慮して判断することが求められる。裁判所の判断を拘束することはできないので、このような表現を採っている。

　そのほかに、産競法には、事業再生ADR手続中に発生した商取引債権が未払いで、民事再生手続中に少額債権として弁済の許可の申立てがなされた際にも裁判所に対する考慮規定を設けている。

　また、政府が2021年6月に閣議決定した「成長戦略実行計画」には、「大企業・中堅企業の事業再構築・事業環境整備」として「私的整理等の利便性拡大のための法制面の検討」が盛り込まれ、「事業再生ADRから法的整理である簡易再生手続への円滑な移行の推進」が記載された。これを受けて産競法に新たな規定が設けられ、事業再生ADR手続が全債権者の同意を得られずに頓挫して民事再生手続に移行し、その特則である簡易再生手続を申し立てる場合で、事業再生ADR手続で提示された再生計画案の内容をそのまま

民事再生における再生計画案とした場合には、裁判所は再生計画不認可事由に該当しないかを判断するものとされた。すなわち、当該計画案が債権者一般の利益に反しないかの判断において、特定認証紛争解決事業者が確認した事業再生ADR手続における再生計画案について裁判所は考慮する、つまり別言すれば尊重することが求められている。民事再生における早期の再生計画案の成立、それによる可及的速やかな事業再生を企図したものである。

　2022年8月、1兆円を超えた負債額となった日本における最大の倒産事件であるマレリホールディング（自動車部品製造）の事件で、このような簡易再生が可決認可され早期再生が実現した。

民事再生法による事業再生

1 民事再生手続の利用活発化と最近の停滞

民事再生法の利用も様変わりしてきた。

当初1999（平成11）年に民事再生法が成立して2000（平成12）年から施行されたときは、非常に評判がよく利用された。いろいろな点で評判がよくなかったかつての和議法（1922年制定）は廃止されて、民事再生法が取って代わってから、その利用が激増したのであった。全国の裁判所において、和議申立件数は1998（平成10）年に361件、1999（平成11）年に231件であったのに対して、民事再生法施行後の通常民事再生申立件数（個人再生を除く。以下同じ）は、2000（平成12）年662件、2001（平成13）年1,110件、2002（平成14）年1,093件と拡大した。東京地方裁判所に限ってみれば、1999（平成11）年の和議申立件数は36件であったのに対して、2000（平成12）年の民事再生申立件数は172件、2001（平成13）年には366件、2002（平成14）年には400件、2003（平成15）年には315件であったことからも、その隆盛ぶりがうかがえるであろう。その後、2008（平成20）年のリーマンショック時においては全国で859件、東京地方裁判所では322件となったが、その後は徐々に減少し始め、2022（令和4）年には全国でも92件と最盛時のほぼ1割程度にまで激減している。

この減少にはさまざまな要因があるであろうが、準則型私的整理、特に中小企業再生支援協議会等における再生支援により、窮境にある企業が法的倒産手続を申請せずに再生していることも関係しているであろう。また直近では、コロナ禍における政府系金融機関による中小企業へのさまざまな手厚い融資環境が整っており、資金繰りが保たれていることも関係しているであろう。

2　民事再生法の適用範囲と特徴

　民事再生法の適用範囲は広い。株式会社以外の会社だけでなく社団法人、財団法人、協同組合などすべての法人と個人に適用される。適用対象を限定していない。会社更生法が株式会社のみを対象としているのと対照的である。そもそもは、会社更生法が大企業をターゲットにし、民事再生法が中小企業をターゲットにしてつくられたのであるが、使いやすさゆえに、そごうやマイカルなどの超大型倒産についても民事再生が利用された。会社更生の場合には経営者が権限を失い管財人が取って代わるのが原則であるが、それを好まない大企業が民事再生の申立てを選択する可能性がある。

　民事再生の大きな特徴は、原則として担保権者の権利に制約を加えないことである（民再53条）。民事再生手続が開始されると、債権者（一般無担保債権者）による債権取立などの個別的な権利行使は禁止されるが（民再39条、40条）、担保債権者と一般優先債権者（労働債権や租税債権など）や共益債権者（民事再生手続に入ってから発生した債権など）は権利行使ができる。民事再生法では、手続に拘束される一般無担保債権者のことを「再生債権者」という（民再84条）。

3　民事再生手続の概要

　民事再生手続の概要は、次のとおりである（図8）。

(1)　手続の開始が容易である

　民事再生においては、手続開始の要件すなわち手続開始原因を、破産手続開始の要件よりも緩和している。破産手続の開始原因は2つあり、一般的に債務の支払ができない状態である「支払不能」や負債が資産を上回る「債務超過」がある（破産法15条、16条）。民事再生では、第1に、この2つの破産手続の開始原因とされている事実のいずれかが生ずるおそれがあれば民事再生手続の開始原因となる（民再21条）。第2に、事業の継続に著しい支障を来すことなく弁済期にある債務を弁済することができないときも同様であ

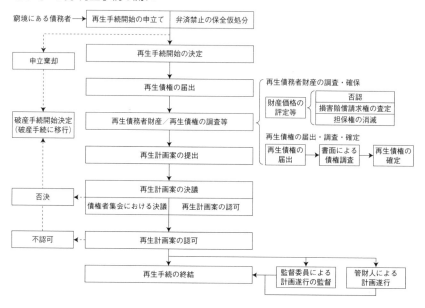

[図8] 民事再生手続の流れ

る。第1の開始原因があれば、債権者も再生手続開始の申立てができる。

(2) 申立て後の混乱を回避する

　企業が窮境にあることから再生手続開始の申立てを行っても、裁判所は申立ての要件を検討する必要があり、直ちに手続開始決定が発せられるわけではない。その間にも債権者が取立てのために大挙して債務者の財産が管理されている倉庫や工場に押しかける可能性も拭えない。支払を強要することもある。この再生手続開始の申立てによる混乱を防止して、秩序だった再生手続を進め、債権者平等を実現していくためには、債権者の取立てや強制執行などの権利行使を禁止する必要がある。

　そこで裁判所は、申立てがあると手続開始の是非の判断をするまでの期間、債権者へ弁済禁止や新たな担保の供与を禁止するなど保全処分を発したり（民再30条）、破産手続、強制執行、担保権実行等の手続の中止を命じたりすることができる（民再28条）。さらには債権者による強制執行等をすべ

て禁止する「包括的禁止命令」を発することもできる（民再27条）。これは、米国のチャプター・イレブン手続におけるオートマティックステイを参考とした手続といえよう。

(3) 再生手続の開始決定が裁判所より発せられる

　裁判所は、支払不能や債務超過のおそれなどの手続開始原因があれば、原則として「再生手続開始決定」を発する。ただし債務者が再生計画案を作成できないとか、大口債権者が再建に反対であることが明らかで再生計画案の可決の見込みがないことが明らかである場合などには、手続を開始しても意味がないので申立ては棄却される（民再25条）。東京地方裁判所では、申立てから7日以内に開始決定をするのが通常である。

　実はこの申立てから開始決定までの間には、債権者説明会が開かれることが多い。これが、裁判所が再生手続を開始するかどうかを決める試金石になることがある。本来、民事再生法においては、債務者は、再生手続開始後、再生手続開始に至った事情などを裁判所に書面で報告し、裁判所が招集の主体となる財産状況報告集会において、その要旨を報告するものとされている（民再126条）。ところが、当該集会が開かれるとしても再生手続開始決定後直ちに行われるわけでもなく、また債権者数が多い場合には会場を裁判所外に用意するなど費用と労力を要する。そこで、その代替として、再生手続開始申立て後直ちに、債務者が主宰する債権者説明会を開催して、債権者に財産状況報告集会と同様の情報を提供している（民再規則61条）。債権者にとっても、この債権者説明会が開催されることで、債務者の財産状況等の情報を申立て後即座に取得できるメリットがある。債権者はそれまで債務者の経済状況が悪いことをまったく知らなかった場合も多いのである。話をもとに戻すと、裁判所にとっては、当該債権者説明会に出席した大口債権者が再建に反対の意向があれば再生計画案の可決の見込みがないことが明らかとなる可能性もあり、再生手続開始決定を下すかどうかを慎重に判断する材料となる。裁判所は、債務者主催で債権者説明会が開催されれば、債権者の生の声を聞くことができ、債権者の意向を踏まえた判断がしやすくなるのである。

再生手続開始決定があると、保全処分がなくとも、債権者の個別的権利行使や破産や強制執行などの手続は禁止または中止される。債権者平等のため一部の債権者による「抜け駆け行為」を許してはならず、そのために債権者の個別的な権利行使が禁止されるのである。

(4)　再生債権の弁済禁止と少額債権の例外

　再生手続開始後は、手続開始までに発生していた債権である再生債権についての弁済が原則として禁止される（民再85条）。再生債権は再生計画に基づき弁済されるという趣旨である。

　ただし、例外的に少額債権の弁済が裁判所の許可により認められることが多い。再生債権者が多数存在することから、手続の円滑な進行を図るために、債権者数を減らす必要性がある場合がある。あるいは重要な取引上の債権者が、直ちに再生債権の支払を受けなければ取引を今後は継続しないと通知してくることもあり、そのような事態が発生すれば債務者の事業の継続に著しい支障が出る。そこで、例外的に少額債権の支払を認めるのである。通常、10万円以下の債権を前提に実施されるが、事件により「少額」の概念は相対的に決定されており、会社更生の事件の例ではあるが、携帯電話会社ウィルコムの事件では20億円以上であっても「少額」とされたものもある。日本航空の会社更生でも同様であった。

(5)　同じ経営者がそのまま経営を続けるDIP型再建手続である

　民事再生手続が開始されても、原則として、債務者（債務者会社の取締役）は財産管理処分権や事業の経営権を失わない。米国連邦倒産法のチャプター・イレブン手続での呼称を使って、民事再生手続でも「DIP型」と呼ばれている。米国での運用からすれば、経営に失敗した経営者はBoardによって経営状況が悪化した時期にすでに放逐されて、別の再建専門の経営者やCRO（Chief Restructuring Office）等が招かれていることも多いが、日本ではその点がうやむやのまま再生手続開始の申立てがされている。これが既存の経営者には魅力的に見えて再生手続開始の申立件数が多い理由ともなってい

ると思われる。

　しかし、いったん民事再生手続をしなければならないほどに会社を窮境に導いてしまった経営者を野放しにしておくことも適当ではないので、現在の東京地方裁判所での運用では、法人の民事再生では全部の事件において監督委員（民再54）を選任している。弁護士が監督委員に選任され、選任された弁護士は公認会計士や税理士をその補助者に起用する。監督委員は、経営権や財産の管理権はないが、裁判所から委託された同意権に基づいて、再生債務者の重要な行為について同意の有無で間接的にコントロールしていく。

　また民事再生法では、管財人を選任して債務者（債務者会社の取締役）の権限である財産管理権や経営権を奪うこともできる（民再64条）。東京地方裁判所の運用でも例外的ではあるが管財人を選任することもある。例えば、債務者の代表取締役が民事再生手続において老齢等により経営をする意欲がない場合には債務者の協力のもとで管財人を選任して、管財人に財産管理と経営を任せることがないわけではない。もちろん債務者の代表取締役が不正を働くような事態があり、DIP型から管財型に変更した例も過去にはある。

　さらに再生手続開始決定前でも、保全管理人（民再79条）を選任して、債務者の権限を奪うこともできるとされているが、これも例外的である。

　前述したように、原則として債務者会社の経営者が従前の経営者としてのポジションをそのまま維持したままで手続を進めることができるというDIP型手続であることが民事再生の大きな魅力となっている。そのため、中小企業をイメージして作られたはずの民事再生法をかなりの大企業が利用している。有名な騒動としては、2001（平成13）年頃、会社更生の申立ての準備を整えて取締役会で同意を得ようとしていた代表取締役社長を、その取締役会の席で他の取締役たちが多数決で解任したうえで、その場で新たに選出された新代表取締役のもとで民事再生の申立てをした小売業マイカルの事件があるが、これも結局は資金繰りなどの問題から会社更生に切り替えられ、東京地方裁判所から管財人が選任されて経営者は交代となった。

(6) 事業の早期再生のために、開始決定後直ちに営業譲渡することもできる

　窮境にある企業にとって、事業価値をできるだけ毀損させないで再生するためには、事業再生をできるだけ早期に進めることが肝要である。このことは民事再生手続中の債務者でも変わらない真理である。ところが、債権者集会において再生計画案が可決認可されて認可確定後に再生計画が実行されるまでに東京地方裁判所の運用でも6か月かかる。それまで待っていると、信用毀損によって得意先が離れてしまうなど事業価値が損なわれるのである。6か月でも世界的に見れば早い方であるが、その間にも事業毀損が進んでしまうことは事実である。このように再生計画の成立前に行われる事業譲渡を再生計画外の事業譲渡と呼ぶ（民再42条）。米国ではこのような再建計画の先取りをsub rosa planと呼んで、債権者の意見を尊重していない可能性がある譲渡として警戒しているが、日本では裁判所への信頼が厚いためであろうか、そのような論調はない。

　この再生計画外の事業譲渡は、裁判所の許可があればできる。大切な事業を譲渡すると、会社は抜け殻になってしまい解散するのと変わりがないから、会社法においては、株式会社の株主総会の特別決議が必要とされている（同法467条。なお総資産の20％以下の事業譲渡については株主総会の決議は不要である。）。しかし民事再生手続中は、緊急事態であるばかりか、そもそも倒産会社の株主が株主総会に出席するインセンティブがなく流会になる可能性も高く、しかも債務超過等のために株主権は経済的には無価値である可能性も高いので、裁判所の許可だけでよいとしたのである。もっとも、裁判所は、許可する前に、債権者を審尋して譲渡についての意見を聴くし、労働組合の意見も聴取するなど、利害関係者の権利にも配慮する（民再42条）。

(7) 債務を確定する債権届出と債権調査

　債権者は、再生手続に参加するために再生債権の届出を行う（民再94条）。届出には債権の内容、発生原因、議決権の額等が記載される。この届出内容に基づき、再生債権の調査が行われ、債務者がその内容と議決権額について

の認否を行い、債権者から異議がない債権は確定する。再生債権の存在や金額について争いがあるときは、査定の裁判という簡便な手続で解決が図られるが、それでも不服の場合には異議の訴えを提起して訴訟で決着が付けられることになる（民再105以下）。

(8) 債務者財産の増殖
─否認権と役員損害賠償

　債務者は、再生手続開始時の自身の財産の価額を評定して財産目録及び貸借対照表を作成し、裁判所に提出する（民再124条）。この価格の評定は、再生手続開始時の価格であり、その価格も財産の処分価格とすることが原則である（民再規則56条）。つまり企業の直近の決算書等に記載されている簿価ではなく、会社を清算するときの処分価格、ファイヤーセールの価格の記載が要求されている。

　他方で、決算書には記載されていない財産を債務者財産として認識することもある。例えば倒産に先立ち偏頗行為や詐害行為が行われることがある。強硬な債権者や債務者と関係が深い取引先、迷惑をかけられない親戚や友人にだけ内緒で弁済したり担保を付けたりする。また重要な財産を隠匿して債権者の手が届かないようにする。そうした偏頗行為や詐害行為を取り消す権利を倒産法上は否認権という（民再127条）。否認権を行使することで、債務者の財産が現状に復することとなる（民再132条）。このような否認権の行使について、民事再生法では監督委員を否認権行使権者としている（民再135条）。再生債務者が自らの不当な行為を自ら取り消すことは期待できないし、真剣みがないからである。

　あるいは倒産の責任のある役員に対し、損害賠償を追及しなければならないことがある（民再142条）。賠償金を取得できれば債務者財産は増加する。これには査定の裁判という簡易な制度があるが、その査定に不服があれば異議の訴えを提起することになる。

⑼ 再生計画の作成とその内容

　債務者は裁判所が定めた期間内に再生計画案を作成して提出する（民再154条）。東京地方裁判所では民事再生手続の標準スケジュールを定めており、申立てから再生計画認可決定確定までおよそ6か月で手続が終了することを予定している。再生計画案も申立てから3か月で提出することが原則となる。

　再生計画案には、再生債権の額、再生債権の額から免除を受ける金額、免除されずに支払う金額、支払時期と額などが記載される。弁済期間は認可確定から10年を超えてはならないものとされているが（民再155条3項）、実際には弁済期間が3年以内や5年以内とされるものが多い。そもそも長期弁済は再生債務者の再建のための意欲を損なうことになりかねず、そうなったら逆効果である。M&Aによるスポンサーによる増資や営業譲渡もできず、さりとて自力再建が難しいときは、早々に断念して清算を目的とする計画案に変更することもありうる選択であろう。民事再生法は再建法であるといわれているが、事業の継続が困難となり、営業の全部または一部の譲渡先も見当たらないときは、資産を売却処分して、その譲渡代金を再生債権者に配分するような清算を目的とした計画案を作ることも可能である。

　ちなみに、東京地方裁判所の再生事件の再生計画の過半数は、事業譲渡型の再生計画といわれている。すなわち債務者の事業を譲渡して、その譲渡代金から債権者に按分で支払う再生計画となるわけであるが、その場合には、再生計画で認可決定確定から1か月以内に支払うとするものが通常であり早期に弁済ができる。

　再生計画では清算価値保障が要求され、再生計画による弁済について、最低弁済額で縛る規定はないものの、再生計画による弁済額が、債務者を解体・清算した場合、つまり破産した場合に想定される破産配当よりも大きな額でなければ再生計画として認可されないことになる。収益が低い事業を有する債務者の民事再生事件の場合、むしろその事業で使っている土地や建物等の不動産をその時点で売却・清算した方が、民事再生の再生計画よる弁済よりも金額が高いという笑えない事態も想定されるところである。

再生計画の内容として組織再編が盛り込まれることがある。裁判所の許可
さえあれば、株主総会の決議なしに、再生計画において株式併合、会社が発
行する株式総数についての定款変更、減資、株主以外の者つまりスポンサー
に対する新株発行などを定めることができる（民再154条3項・4項、161条、
162条、166条、166条の2）。つまり100％減資（株式の取得と償却）と募集株式
（新株、増資）発行を組み合わせることによって、オーナーの総入れ替えが可
能となる。

　ただし新株発行には注意が必要である。裁判所の許可を経た再生計画に基
づき発行される募集株式（新株）は、その譲渡に株主総会の承認を要する譲
渡制限株式に限られる（民再154条4項、会136条以下）。このような場合には、
株主総会に代わって取締役（会）が募集事項を定める（民再183条の2）。もっ
とも、譲渡制限株式でない株式を発行することが禁止されているわけではな
いから、会社法の原則に戻り、取締役会の決議で決定すれば譲渡制限株式以
外の株式を発行することが可能である（民再154条4項条かっこ書と166条の2
の反対解釈、会199条2項、201条1項）。民事再生は原則としてDIP型の手続で
あり、取締役会の権限は残っているので、譲渡制限株式以外の募集株式発行
を再生計画で定めるには、取締役会の決議で原則どおり決めればよいのであ
る。

⑽　再生計画の可決と認可

　再生計画案は、出席債権者の過半数の賛成を得て、かつ再生債権（一般無
担保債権と担保割れした債権）総額の半額以上の債権を有する債権者の賛成に
より可決される（民再171条）。再建計画への投票のために債権者集会を開い
てもよいし、書面投票だけでもよい（民再169条2項2号）。東京地方裁判所
では債権者集会を開催しつつ書面投票も認める併用型を採用している。東京
地裁では、申立てから約5か月後に再生計画案決議のための債権者集会を開
いている。

　裁判所は、可決された再生計画案に不適法事由などの不認可事由がないか
どうかを調査して、問題がなければ認可決定をする。それが確定する（不服

申立てがないか、あっても却下された場合）と、再生計画に定めたとおりに権利が変更されて債権の減免猶予の効果が発生する。再生計画案に反対した債権者の権利も、再生計画に従って強制的に縮減される（民再174条以下）。

(11)　手続の対象外となった担保権者との調整

　ところで、最初に述べたとおり、民事再生法では手続が開始されても担保権を実行できるものとして、担保権者の権利行使を自由にした（民再53条）。倒産した場合に担保権を行使できないとするのでは、担保権の意味がないからである。担保権は「別除権」として民事再生の手続外で別に行使できる権利とされているのである。

　しかし、担保の対象物は工場や本社社屋などの不動産であることが往々にしてあり、これらは営業を継続するために不可欠な重要財産である。いくら債権者が倒産に備えて担保権を設定していたといっても、事業継続のために必要な債務者財産の担保権が実行されてしまっては再建に支障が出る。

　そこで、事業継続のために必要な財産に対する担保権を実行されないようにするために、債務者が担保権者と個別に話し合うことが重要となる。その結果、合意された内容が「別除権協定」という和解となる。担保物の価値を評価し、債権額のうちの担保物件で保全される金額をどのように弁済するかについての両当事者の合意である。

　ところが、交渉が行う際にすでに担保権が実行されていることもある。このような場合には債務者などは裁判所に申立てをして、一時的に担保権実行を停止する担保権実行手続中止命令を発してもらうことができる（民再31条）。ただし、それは別除権者を話し合いのテーブルに着くように促すための臨時の措置にすぎず、合意を強制できるわけではない。おおよそ3か月程度が目安となっている。実際にこの制度が利用されていることはあまり聞いたことがないが、伝家の宝刀の如く、この制度があることが無言のプレッシャーになり別除権者との話し合いが進展することも考えられる。

　さらに、担保物に付着している担保権という権利自体を消滅させる制度が、担保権消滅許可の申立てである（民再148条以下）。事業継続に不可欠な

財産について担保物の価値に相当する金額を支払うことによって、担保権を強制的に消滅させる制度である。民法の原則からは、担保物の不可分性の関係から、被担保債権を全額支払わないと担保権は消滅しない。例えば、債務者が金融機関から7億円の融資を受けるのに10億円相当の工場敷地に抵当権を設定していたが、不動産価格が低迷して工場敷地の価格が5億円相当に値下がりしたとする。その場合、貸金債権7億円全額を支払わないと抵当権が消滅しないというのが担保権の不可分性である。ところが、担保権消滅制度のもとでは例外的に担保の不可分性が適用されず、担保物の価格である5億円を支払えば工場敷地の抵当権が消滅することになる。担保物の価額がいくらかについて、債務者と担保権者との間で見解の相違があるときには、裁判所が不動産鑑定士などの評価人の評価を参考にして価額を決定する。代金は一括納付となることから、運転資金すら準備することに苦労している債務者にとってはハードルが高いが、債務者に協力するスポンサーが付いて費用負担してくれるような場合には有用である。

⑿　再生手続の終結

再生計画認可の決定が確定すると手続は終了するのが原則である。しかし、監督委員が選任されている場合は、再生計画が遂行されたとき、または再生計画認可の決定確定後3年経過したときのいずれか早い時期までは再生手続が終了せず（民再188条）、監督委員は再生計画の遂行を監督するものとされている。東京地方裁判所では法人の民事再生では全件で監督委員が選任されているので、実際の運用は原則と例外が逆になっている。

管財人が選任されている場合、再生計画遂行が確実になるか遂行が完了するまで手続は、再生手続は終了しない。また、前述したとおりEXITファイナンスを受けたり、繰り上げ弁済をしたりして早期終結した方が再建を加速する。

再生計画にしたがった支払がなされないときは、債権者は強制執行ができるし（民再180条3項）、未履行債権額の10分の1以上の債権を有する債権者は再生計画の取消しの申立てをすることもできる（民再189条1項2号、189条

3項)。

　認可された再生計画の遂行の見込みがないことが明らかになったときは、再生手続が廃止される（民再194条）。再生手続廃止決定が確定すると、職権により破産手続開始決定がなされて（民再250条2項）、破産手続に移行する。なお、債務者が計画を履行しない原因は、故意に弁済を怠ったためというよりは、経営が改善できずに弁済資金が調達できないためであることが多い。

⒀　簡易再生・同意再生とは何か

　民事再生の申立て後、債権届出期間の開始後で一般調査期間の開始前において、届出債権額の5分の3以上の債権を有する債権者が再生計画案に同意し、かつ債権の調査・確定手続を省略することに同意した場合には、「簡易再生」の申立てができる（民再211条以下）。その場合、直ちに再生計画案の賛否を問う債権者集会が開かれることになり大幅な期間の短縮が図られる。自動車部品製造業のマレリホールディングスは、2022（令和4）年に1兆円超の負債を負って事業再生ADR手続を申し立てたが、全債権者の同意が得られず手続が頓挫した。その直後に同社は民事再生手続開始の申立てを行い、また債権届出期間開始後に簡易再生手続の申立てを行った。その後、再生計画案についての債権者集会における法定多数の同意を得て可決され、その当日に再生計画の認可決定がされ、その後認可決定が確定し、終結決定を得た。民事再生手続の申立て後46日で手続を終結させた。通常の民事再生手続開始の申立てから再生計画案の認可確定まで6か月程度かかるのと比べれば非常に早いペースである。

　さらに民事再生手続開始の申立て後、すべての届出債権者が上記の同意をすると「同意再生」（民再217条以下）手続となり、債権者集会までも省略できることから、さらに早期に民事再生手続を完了できることになる。

会社更生法による事業再生

1　会社更生手続の凋落

　会社更生事件は申立件数が極端に少ない状況が恒常化している。1989（平成元）年から2021（令和3）年まで32年間の累計新受件数は、全国で371件、東京地方裁判所管轄で260件であるところ、例えばここ数年の全国での新規受理事件数は、2019（令和1）年、2020（令和2）年、2021（令和3）年それぞれ1件、3件、2件であり、東京地方裁判所においても0件、2件、2件である。東京地方裁判所における累計（令和3年12月末現在）を概観すると、申立ての態様として債権者申立てが43％、会社規模も資本金1億円未満が62％、業種別ではレジャー産業が32％（うちゴルフ場経営25％）を占めている。

　ここからある程度の傾向を見ると、債権者申立事件がほとんどない民事再生手続に代わって、会社更生手続において債権者が債務者会社のリストラクチャリングを進めようとしている姿が浮かび上がる。本来会社更生手続が複雑であることから重厚長大型の企業を想定して規定していたのであるが、実際には1億円未満の中小企業が対象であり、その点では民事再生手続の対象となる企業と重なる部分も多い。過去には、ゴルフ場における預託金償還問題、すなわち、ゴルフクラブの会員が規約にしたがって一定期間ゴルフ場に金銭を預託したものの、その返還期限がきても預託金が返還されないことから会員が債権者として更生手続開始の申立てを行うといった事例も頻発した。ゴルフ場側が再生手続開始を申し立てて預託金償還の減免を含む自主再建を試みたところ、会員側が更生手続開始の申立てを行って経営陣の入れ替えを含む抜本的な再建を図ろうとして2つの手続開始の申立てが競合する場

合も、それなりに件数があったのである。過去には、このような事例が年間申立ての過半数を超える年度もあった。ただし、最近の風潮としては、窮境にある企業はまずは準則型私的整理の適用を考え、それが難しいとなった場合に民事再生に移ることから、会社更生の使用頻度が激減している。

そもそも再建型法的整理として会社更生法が今後も必要であるのか、それとも民事再生法と一本化できるのかについては、今後、議論が出てくるかもしれない。実際にも、東京地方裁判所では破産と民事再生は民事20部で、特別清算と会社更生は民事8部で長年扱ってきた実務を変更し、2022（令和4）年から民事20部で会社更生も扱う実務に変更した。これによって、東京地方裁判所における倒産の窓口が一つとなり、申立てをするユーザーの利便性も高まった。また、このような実務の変更によって、今後、会社更生法と民事再生法の統合の議論が出てくることが、より現実味を帯びてきたと考えている。

なお、お隣の韓国の再建法も、以前は日本と同様に、和議法と会社整理法（会社更生法に相当）の2つあったが、2005年に統合倒産法が成立し、再建手続は回生手続に一本化された。賢明な選択であったと思われる。

2 会社更生法の特徴

会社更生手続がほとんど使われない状況にあるので、以下では要点を絞って会社更生法を説明する。

(1) 70年の歴史をもつ会社更生法

旧会社更生法は、1952（昭和27）年に米国旧連邦破産法のコーポレート・リオーガニゼーションにならって立法され、1972（昭和47）年に改正され、その後2002（平成14）年に大改正されて2003（平成15）年から施行された。

会社更生法は、重厚長大な法的救済手続を備えており、その適用も株式会社に限定されている。民事再生法がその適用対象を限定せず、株式会社のみならずその他の会社形態、学校法人・医療法人等の各種法人、さらには個人にまでその適用範囲を拡大して手軽に利用できる手続であるのと対照的であ

る。その意味で会社更生法は大企業向けであるとされていたが、実際には手軽に利用できる民事再生手続を大企業も選択しているわけである。他方で、中小企業が会社更生手続開始を申し立てる事例もないわけではない。

(2) 原則として経営陣が放逐される非DIP型手続である

　更生手続開始が申し立てられると、裁判所は、開始決定までの間の混乱を防止する観点から、会社の事業の経営と財産の管理及び処分を任せる「保全管理人」を経験豊かな弁護士の中から選任する（会更30条）。その後、手続開始決定が発せられると、同時に管財人が選任されるが（会更42条）、通常は保全管理人であった弁護士が選任される。管財人には事業の経営と財産の管理処分権が専属することから、逆にいうと更生会社の従来の役員の権限は剥奪され、更生会社から追い出されることになる（会更72条1項）。

　ただし例外があり、更生会社の従来の役員でも役員等責任査定決定を受けるおそれがない場合には管財人に選任できる（会更67条、100条1項）。従来の役員の事業に関する専門性を活用しようとする意図がある。とはいっても、当初の段階で管財人の候補となる役員が役員等責任査定決定を受けるかどうかは不明であることから、従来の役員が管財人に選任されたという例は報告されていない。

　管財人の候補として本来予定されているのは、会社を窮境に導いた旧経営陣が退陣して、その代わりに経営立て直しのために採用された取締役やCRO（chief restructuring officer）などであろう。米国では、会社の経営が傾きつつある早い段階で再建のプロであるターンアラウンド・マネージャーがCEOに選任されたりCROが選任されたりして、事業の再構築や財務の再構築を行いつつ、大方の債権者の了解を得たうえで、チャプター・イレブン手続を申し立てる実務があることは前述した。日本でも会社再建の実務が米国のように変わってくれば、従来の役員を管財人に選任することも現実性を帯びてくるであろう。

　他方で、法人も管財人になることができる（会更67条2項）。日本航空の会社更生事件においてETICが管財人に選任されたという先例がある。

(3)　担保権や租税も手続に拘束される

　会社更生法では、米国のチャプター・イレブン手続と同様に、担保権者も手続の対象者となり、その権利も更生計画によって強制的に変更されてしまう（会更196条5項2号、204条1項等）。そのため、債務者も、民事再生のように個別に債権者と別除権協定を結んで権利行使を控えてもらわなくても、会社更生手続のもとでは更生担保権の個別的権利行使は禁止されており、更生計画による変更の対象とされる（会更50条1項、168条1項1号）。更生債権者は無担保債権者とは異なる組を組成して、更生計画案の賛否を明らかにする。ちなみに、会社更生では更生担保権の額は最初から担保目的物の価額の範囲内の額とされ、それを超える金額の債権は被担保債権として扱われず、無担保債権である更生債権とされる（会更2条10項）。

　労働債権などの優先的更生債権（会更138条1項2号、168条1項2号）も手続に拘束され、更生計画による権利変更の対象となる。

　また、税金等を徴収するための滞納処分も開始決定から1年間は当然に中止されるし、更生のために必要があれば取り消すこともできる（会更50条2項ないし6項）。再建手続の申立てをするような会社は、資金繰りが苦しいために、従業員や職員の給料賃金から源泉徴収した所得税や地方税や各種の社会保険料などを滞納していることが往々にある。徴税当局は滞納処分により、運転資金の大切な財源となっている売掛金などを差し押さえることができるし、滞納額が巨額な場合は、それだけで再建を断念しなければならない事態となりかねない。民事再生では徴税等のための滞納処分は止められないが、会社更生では更生手続が開始されると当然に滞納処分は1年間は中止されるわけであるし、更生計画により3年以内の徴収猶予を定めることも可能である（会更169条）。

(4)　更生計画案の特徴

　日本の更生計画案の特徴は、100％減資とスポンサーに対する新株発行をセットとすることで、オーナーチェンジの慣行があることである。100％減資により旧株式は全部償却され、同時に行われる新株発行により株主が入れ

替わる。会社更生では、会社が債務超過である限りは株主に議決権はなく、更生計画案に定めることにより更生手続内で増減資を完結できる仕組みがある（会更45条1項等）。

　もっとも、会社更生法は株主の株主権を必ず消滅させなければならないとは定めていない。しかし、株主権よりも上位の権利である更生担保権や更生債権を変更し、それらの権利を一部免除または延べ払いによって減縮する以上は、それよりも下位の権利である株主権を消滅させなければ、「公正衡平」の原則（fair and equitable rule）に反するものとされる（会更168項3項）。

　ところが100％減資により企業価値が大きく毀損する場合がある。上場企業の場合、100％減資により一時的に株主が存在しなくなることから上場廃止となる可能性がある。このような場合には、あえて100％減資をせずに、既存の株主の権利を大幅に減縮しつつも残存させ、新たなスポンサーに新株を発行して出資を募る方が事業価値は毀損しない。実際に日本航空の会社更生事件では、そのような更生計画が作成された。

(5)　手続の時間短縮が可能である

　企業の早期再生のためには、会社更生手続が早く進行して、早期に終結するのがよい。米国のチャプター・イレブン手続において、2022年に、プレパッケージ型手続の申立てから裁判所による再生計画の認可決定までの期間がわずか1日というトラックレコードが報告されている。これは、法的な再建手続に要する期間は、できるだけ短い方が債務者の信用回復に資するとの判断に基づくものである。

　日本の更生手続も、2002（平成14）年に会社更生法が改正されてからスピードアップが図られており、更生計画の提出は手続開始から1年以内（会更184条3項）、更生計画案で定める弁済期間も15年以内とされ、以前より短縮された（会更168条5項）。終結時期も、更生計画に基づく弁済総額の3分の2の弁済が終ったときとされており（会更239条1項）、ある程度の弁済の見切りがついたところで債務者を手続から解放して再建を早めようとする意図を感じる。しかも、更生債権等の弁済のために社債を発行することもでき

るし、社債の償還期限には制限がないから、社債の有効活用により早期弁済が可能となろう。

　また、債務者と更生担保権者との間での裁判沙汰が多かった担保物の評価について、旧法時代の継続企業価値で評価するという難しい方法から「時価」で評価すればよいことになった（会更83条）。

　さらに、社債を発行している会社が更生手続開始を申し立てた場合、社債の権利の変更については社債権者集会での決議が必要であるが、倒産会社の社債権者集会では参加するインセンティブがなく流会になるおそれがあった。そこで、定足数を計算するときは議決権行使の届出をした人だけを対象とすることにして、集会が不成立にならないよう手当てをして更生手続の進行がスムーズに図られるようにした（会更190条）。

3　金融機関等更生特例法

　銀行、信用金庫、信用組合（以下、これらを併せて「銀行等」という）、保険会社、証券会社を再建させるための特別法として、1996（平成8）年に金融機関等の更生手続の特例等に関する法律、略して「更生特例法」が立法された。その破綻により大量の預金者や保険契約者や投資者に甚大な被害を及ぼしかねないので、金融機関等の特質を考慮して、金融機関等についての会社更生だけでなく民事再生や破産も含む手続の特則を定めたものである。2002（平成14）年までに、千代田生命、協栄生命、東京生命、大成火災海上の保険会社が更生特例法による手続により再建された。

　破綻した銀行等については、これまで預金保険法による処理がなされてきたが、いわゆるペイオフ解禁後は預金者の権利変更が必要になるので、更生特例法による手続が行われている。日産生命、東邦生命、第一火災、第百生命、大正生命については保険業法による破綻処理がなされたが、2000（平成12）年10月以降は更生特例法による処理が主流である。

清算型事業再生でスピードアップ

　倒産手続の中でも、破産法や特別清算手続は清算型手続の範疇に含まれることから、事業再生とは関係ないと思われるかもしれない。しかし、破産管財人は、事業の買受け先を探して事業を譲渡することにより、破産した企業の「事業」を再生させることが可能である。特別清算の場合にも、清算人が清算に必要な範囲で事業を継続して事業譲渡を行えば、儲かる事業は再生できる。いずれにせよ清算手続が開始されたのであるから、事業価値の毀損を最小限度に食い止めつつ、速やかに譲渡手続を完了させて譲受人にバトンタッチする必要がある。

1　破産法の活用による再生

　ここでは、倒産法の基本法とされる破産法を若干概観する。破産法は、2004（平成16）年に全面改正されたが、そもそもは1922（大正11）年に制定された法律であり、前述した会社更生法よりも30年古い法律である。2022（令和４）年でちょうど100年となった。

　経済的に窮境にある企業や個人は、支払不能や債務超過などの破産原因があると、破産手続開始を申し立てる（破産15条）。ここで支払不能とは、債務者が支払能力を欠くために、弁済期にある債務を、一般的かつ継続的に弁済することができない状態である。「一般的」との文言の含意するところは、一部の債権の弁済ができたとしても、それ以外の債権の弁済ができないのであれば一般的に弁済できるとはいえない、とすることにある。また、「継続的」との文言の意味は、一時的な手許不如意を除外する趣旨である（破産２条11項）。債務超過とは、債務者が財産をもって債務を完済できない状態であり、貸借対照表の資産の部の資産合計額よりも負債の部の負債合計額が大きい場合を指す（破産16条）。

支払不能を理由とする申立ては債務者が個人でも法人でもできるが、債務超過を理由とする申立ては法人のみが可能である（破産16条）。また、債務者自ら申立てをする場合に限らず、債権者も債務者の破産手続開始の申立てをすることができる（破産18条）。

　裁判所は、申立てに基づき破産手続開始原因を確認できた場合、当該申立てが不当な目的である、あるいは誠実な申立てではない、などの特別な事由がない限り、破産手続開始決定をする。同時に弁護士が破産管財人に選任される。この破産管財人が、破産者の財産である破産財団の管理処分権を取得し、破産者の財産を集めて換価し、債権者に対して債権額に応じた平等の割合で財団を配当する。

　このような破産手続においては、債権者は平等かつ衡平に遇されなければならない。そのため、特定の債権者への偏頗な弁済や財団の資産が隠匿されるなどの事態は認められず、そのような場合には、破産管財人は否認権を行使してそのような弁済を取り消し、また財団から逸出した隠匿財産の回復を図り、破産財団を原状に復させなければならない（破産160条）。

　また、破産管財人は破産会社の事業の譲渡が可能であれば、裁判所の許可を得て、債務者の事業を継続し、その間に当該事業の買い手候補を見つけて交渉し、事業を譲渡することができる（破産36条、78条2項3号）。筆者もこのような事業譲渡の経験があるが、事業継続する間は破産して意気消沈している従業員を励ましつつ、買受け先を探した。破産とのことで得意先の信用も破綻していることから、事業価値を毀損しないためにはとにかく早期に売却することが重要である。

　この事業譲渡は、民事再生における計画外の事業譲渡などより迅速な手続となる可能性がある。裁判所の許可のみで譲渡が可能であるからである。民事再生では、時間的に早いといわれている計画外の事業譲渡についても債権者や労働組合の意見を聴かなければならないことから、その審尋のための集会を開くのに債権者への告知期間を含めて2週間程度は必要となる。ところが、破産においてはそのような手続は不要であることから、裁判所を説得できる材料さえあれば破産手続開始直後にでも直ちに売却が可能である。そう

なった場合には、事業毀損の度合いは民事再生の場合よりも少なくなり再生
が容易となるばかりか、スポンサーに事業を相対的に高価に売却もできて債
権者への配当も増加するメリットがある。

2　特別清算による第二会社方式による再生

　特別清算は、会社法に規定されている手続であり、株式会社についての文
字どおり特別な清算手続である。債権者集会において、債務者が提案した
「協定案」について、出席した議決権者の過半数、債権者が債権額にして3
分の2以上の多数決で可決した場合に、その協定案に基づき清算する（会
567条）。債権者との別途の和解契約などに基づいて清算することもできる。

　この制度のもとでは破産管財人は選任されず、会社が選任した清算人が清
算手続を遂行する。必要があれば裁判所は監督委員や調査委員を選任して手
続を規律していくこともできる。これは破産ほどドラスティックではなくマ
イルドな方法により清算するための制度である。破産手続においては、裁判
所が選任する見ず知らずの弁護士が、あたかも落下傘で降りてきて、手続を
遂行することになるが、特別清算では事業に習熟した取締役が清算人となる
ことが多い。この場合に、裁判所の許可を得てコアとなる事業を新会社に譲
渡することもできる。この場合には、清算会社では事業の譲渡代金を債権者
に分配し、他方で新会社において重い債務負担から解放されて新たに事業の
再生を図っていくことで効率的な事業再生ができる。第二会社方式による事
業再生である。

倒産法以外の事業再生関連法制

　倒産法は法律の坩堝といわれているように、破産法を基本法とする一連の倒産法以外にもさまざまな分野の法律が関係してくる。筆者が倒産や事業再生を大学生に説明するときに、細かいところには目をつぶりあえて誤解をおそれずに大きな視点から倒産を概観するために、教室の黒板に2本の線路を描いて電車をその線路に載せて記載する。窮境にある会社をいわば電車に例え、その電車が線路の上を走っている状況を板書する。この線路が民事再生法や会社更生法などであり、手続の方向や目的地が記載されるわけである。この線路がまったくなく、道なき荒野を疾走しているのが純粋私的整理であり、運転者である代理人弁護士や債権者委員会の委員長がしっかり状況を把握していないと深みにはまり再生はできなくなる。その中間で、線路はあるがガチガチではなく柔軟に曲がる線路を選択できるのが、準則型私的整理手続といえようか。

　他方で、その電車自体は、窮境にある会社を象徴していることから、その電車の中では経営責任のある取締役の処遇、従業員との労働問題、会社法のコンプラ対応や株主への対処も問題となるし、電車の外との関係では取引先との契約をどうするか、政府に税金は払えるのか、環境汚染はないかなど、さまざまなことを緊急かつ同時に解決していかなければならない。ここではその中でも倒産法以外で、事業再生に特有な制度やガイドラインを説明する。

1　産業競争力強化法

　すでに紹介済みであるが、事業再生ADR手続や中小企業活性化協議会の設立の根拠法となっているのが産業競争力強化法（産競法）である。従前は産業活力再生特別措置法（産活法）が設立根拠法であった。産競法は、2013

（平成25）年に制定された法律であり、日本を中長期にわたる低迷から脱却させ持続的発展の軌道に乗せるべく産業競争力の強化を意図したものであるが、多岐にわたるその施策の一つとして事業再生支援のための措置が規定され、中小企業の活力再生のために中小企業再生支援協議会（現・中小企業活性化協議会）の機能拡充等が規定されている。また2021（令和3）年に同法が改正され、その一つとして事業再生の円滑化のための措置が講じられ、事業再生ADRから簡易再生手続への移行を簡易化する措置が取られた。この法律は、1999（平成11）年に制定された産活法を承継し、より規制改革の推進、過小投資、過当競争の是正につながる産業の新陳代謝を促進すべく新たな法律として制定された経緯があるが、産活法でも評価されていた事業再生の分野については産活法の趣旨をそのまま承継している。

　また、連鎖倒産による被害を緩和するために、中小企業に緊急の融資をなし、または融資を容易にするための制度が、中小企業信用保険法や中小企業倒産防止共済法などによって設けられており、未払賃金の立替払制度を定める賃金の支払の確保等に関する法律もある。

2　特定調停法

(1)　特定調停の概要

　特定調停とは、支払不能に陥るおそれのある債務者等の経済的再生に資するために、民事調停法の特例として2000（平成12）年に施行された特定債務等の調整の促進のための特定調停に関する法律（特定調停法）に基づき実施される手続である。特定調停は、債務超過に陥った個人の債務者が債務整理を行うために利用するケースと、債務者会社が金融機関等の債権者に対して申し立てるケースに分けることができるが、前者が大半を占めている。これは司法型ADR手続の一つであり、裁判所の関与のもとで行われる手続であることから分かるとおり、裁判所への信頼を基礎にする手続であり、裁判官による手続の透明性や債権者間の公平性の確保が期待できる点に特徴がある。

　特定調停を申し立てることができる特定債務者とは、金銭債務を負ってい

る者であり、支払不能に陥るおそれのあるもの、事業の継続に支障を来すことなく弁済期にある債務を弁済することが困難であるもの、債務超過に陥るおそれのある法人をいう（特定調停法2条1項）。

　特定調停は、調停主任1人及び民事調停委員2名以上で組織された調停委員会で行う（民事調停法5条1項、6条）。もっとも、裁判所が相当であると認めるときは、裁判官だけで特定調停を行うことが可能であり、事件の性質によっては、単独の裁判官による迅速な手続の進行も期待されている（民事調停法5条1項ただし書）。

　特定債務者が、特定調停を申し立てた場合、調停委員会は、速やかに事業再建の経験及び知識を有する弁護士または公認会計士（以下「調査受託者」という）に対し、事業再生計画案の内容について調査を嘱託する（民事調停規則13条参照）。

　第1回調停期日においては、特定債務者から資産負債、損益、事業再生計画案の説明が行われ、調査受託者の選任に係る説明がなされる。第2回調停期日においては、調査受託者から調査報告書が提出され、補足説明が行われるとともに、調停案の提示がなされる。そして、かかる調査報告を受け、第3回調停期日において債権者は同意・不同意の回答を行い、すべての債権者との間で合意が成立すれば、調停は成立する。仮に一部の債権者との間で合意に至らなかった場合には、裁判所が申立ての趣旨に反しない限度で事件の解決に必要な決定（17条決定という。民事調停法17条）をすることができ、これがこの手続の最大の強みである。

　不服がある債権者は、17条決定から2週間以内に異議を申し立てることができるが、異議がなければ、その内容で手続が成立する（民事調停法18条4項）。

(2)　特定調停と事業再生ADR手続との連携

　この特定調停で注目されるべき点は、事業再生ADR手続で再生計画案が作成されてほとんどの債権者の合意は得られたが、一部債権者の合意が得られないために事業再生ADR手続が頓挫した場合、債務者が債権者とのさら

なる調整を行うために、裁判所に対し特定調停を申し立てる場合に特則があるからである。産競法はこのような場合、裁判所は事業再生ADR手続が実施されていることを考慮したうえで、調停委員会を組成せずに、単独裁判官による調停を行うことが相当であるかどうかを判断する旨を規定している（産競法48条）。事業再生ADR手続において、再生計画案について専門家である手続実施者の確認がすでに行われていることから、特定調停を迅速に進めて早期の事業再生を行わせようとする判断である。東京地方裁判所でも、このような場合には事業価値の劣化を防止する観点から3回程度の期日で迅速に調停の成立を目指すことを目標に置いている。この場合、特定調停の相手方となるのは、事業再生計画案の変更がないのであれば事業再生ADR手続における計画案に同意をしなかった債権者だけとなるであろうし、計画案の変更があるのであれば同意をした債権者も含めて対象債権者全員となるであろう。

また、企業の主債務の整理には法的手続を選択しつつ、企業の経営者の個人保証の整理については、後述する経営者保証ガイドラインに基づき保証債務の整理を行う一環として特定調停を利用することができる。

3　事業再生に関係する税制

法的再建手続である民事再生や会社更生の手続、あるいは準則型私的整理手続である事業再生ADR手続において事業再生計画が作成され、その内容として債権放棄を規定している場合の税金の取扱いがどのようになるかは、債権者にとっても債務者にとっても焦眉の問題であり、これが円満に解決されていない内容の事業再生計画案には誰も賛成しない。

第1に、債権者側に対する課税はどうなるのであろうか。会社更生や民事再生や特別清算などの法的整理手続で行われた場合には当然に、また事業再生ADR手続など準則型私的整理手続により債権放棄がなされた場合にも、債権放棄額は寄付金には該当せず損金に算入される。

第2に、債務者側に対する課税に関しては企業再生税制が適用される。債務者は債権放棄を受けることで債権放棄額と同額の債務免除益という益金が

発生する。債務免除益は課税の対象となることから、債権者の立場からすれば、債権者に債権放棄を強いておきながら税務署に税金を支払う余裕があるのかとの不満が生じることとなり、債権者が債権放棄に消極的になるおそれがある。ところが企業再生税制のもとでは、既存の青色欠損金とともに期限切れ欠損金や資産の評価損益の損益金の算入を行って、その金額を債務免除益から控除ができる。欠損金があれば、当該事業年度の黒字から欠損金を控除して課税所得を計算することができて、税金の負担を軽減することができるわけである。

債務者の欠損金や資産の評価損を債務免除益から控除することで法人税の支払を回避できるのであれば、債権者の上記の不満も解消して債権者に債権放棄を要請しやすくなる。そればかりではなく、最大のメリットは債務者が絶対的に不足している資金・キャッシュの流出を抑えることができることであり、それによって事業再生も容易となる。

しかも企業再生税制では再生に資する観点から、欠損金の使用にも優劣をつけ、順番として、まず資産評価損を控除し、次に発生から10年以上前の欠損金である期限切れの繰越欠損金を優先的に債務免除益から控除し、それでも足りない時には通常の青色欠損金から控除することとしている。この期限切れ繰越欠損金の優先適用の措置によって、期限切れ繰越欠損金が消滅しても、通常の青色欠損金が債務者に保持される。青色欠損金が残存していれば、翌事業年度以降に発生した利益から欠損金額を控除できることから、法人税の支払を長い間減少させることができ、支払をしなくて済んだ浮いた資金を事業を再生するため費用に充当することが可能となる。

また資本金が１億円超の非中小法人は、原則として青色欠損金の控除限度が所得の50％に制限されているが、コロナ禍で企業収益が悪化して欠損が生じた事業年度（最大２事業年度）については、生じた欠損を100％まで控除できる。

ただし、資産の評価損益を計上してその評価損を債務免除益から控除するためには、例えば事業再生ADR手続であれば当該手続に基づく資産評定基準に基づいて資産評定を行っている必要がある。当該資産評定に基づく事業

再生計画の実態貸借対照表における時価と事業再生計画成立時の税務簿価との差額が評価損益となる。

4　事業信託

(1)　事業信託の概要

　信託とは、財産権を有する者（委託者）が、信託契約または遺言によって、自分以外の他人（受託者）に財産権（信託財産）の名義や管理・処分権を帰属させ、一定の目的（信託目的）に従って、委託者本人または他の第三者（受益者）のために、受益者をしてその財産権を管理または処分させる法律関係をいう。

　事業信託については信託法上に定義が設けられているわけではないが、一般に、委託者が信託設定前に負担した債務を信託財産責任負担債務とすることを認める信託法21条1項3号に基づき、積極財産と消極財産（債務）からなる「事業」を「事実上」一体としてなす信託設定行為、またはそれに基づく信託を指す。

　法律上信託の対象となる財産は積極財産に限られ、消極財産（債務）自体が信託財産に含まれるものではない。しかし、信託の設定時において、信託行為の定めをもって、ある事業の積極財産を信託するとともに、委託者の負担する当該事業に関連する債務を信託財産責任負担債務つまり信託財産に属する財産をもって履行する責任を負う債務とすることができる。このように両者を組み合わせることによって、事業そのものを信託したのと実質的に同様の状態を創出できる。

　株式会社が信託契約に基づいて事業を第三者に対して信託する場合、「事業の全部」または「事業の重要な一部」の譲渡に該当するときは株主総会特別決議等会社法所定の手続を経る必要がある（会社法467条1項1号・2号、309条2項11号等）。

(2)　事業再生における事業信託の活用

　このような事業信託の活用法として、①債務者会社の中のグッドカンパ

ニーに該当する事業部門の収益力を引当として事業再生のための資金調達を行う手段とする、②単独では事業採算が合わない事業について、同業者に委託し、あるいは同業者と新会社を設立してそこに委託して合同で事業を経営し、その連携によるシナジー効果によって事業収益の向上・拡大を図るための手段とする、さらに③現在のところ業績が振るわなくても将来性のある事業を保有している債務者会社が、同事業を運営し成長させることができる同業者を受託者として、当該同業者に事業を預けて、業績の向上を図るための手段とすることなど、いろいろな手法が考えられる。③では業績が向上したところで、委託者は信託を打ち切り、当該事業を自ら経営していくことができ、他方で受託者も信託報酬を得ることができる。もっとも、事業信託が自己信託として行われて信託の事業と受託者（兼委託者）の事業が一体となった場合の信託財産の範囲、信託財産と固有財産との区別、第三者対抗要件の問題など解決されるべき問題も多い。

5　経営者保証ガイドライン

(1)　経営者保証ガイドラインの意義

　経営者保証に関するガイドライン（経営者保証ガイドライン）は2013（平成15）年に、中小企業庁と金融庁、商工会議所、全国銀行協会が主導して作成したもので、法的拘束力のない、いわば自主的な紳士協定であるが、最近では非常に多く使われるようになってきた。

　企業が金融機関から借入れをする場合、企業の代表取締役、取締役や親族が連帯保証を求められる慣行が長い間あった。企業の信用補完や連帯保証を求めることで取締役の規範意識を覚醒させようとする意図があり、資金調達に資する面もある。しかし、いったん企業が破綻した場合、連帯保証人は期限の利益を喪失し、企業の借りた何十億、何百億円の保証を支払う義務が顕在化する。連帯保証人は、その膨大な金額の支払に圧倒されるばかりか、自宅をも手放す事態に陥る。場合によっては家庭も崩壊し、連帯保証金を支払う能力も意欲もなくなるばかりか企業を再建しようという意欲も失うという結果を招くおそれがある。

経営者保証ガイドラインは、金融機関が、企業に対する融資にあたり経営者保証に依存しないことを促進し、また融資後には事業承継等が発生して経営者が交代する場合に保証契約の見直しを行って前経営者の保証契約を解除することに関しても規定している。これまでは自分が引退しても死ぬまで会社の連帯保証人を抜かせてもらえなかった不合理な時代もあった。金融機関としても保証人が多ければ多いほど安心であったのであろう。その慣行を打破することが求められているのである。実際にも、2019（令和元）年度において、政府系金融機関の新規融資に占める経営者保証に依存しない融資割合は4割程度となっており無保証化が進展している。

　事業再生との関係で重要なのは、経営者保証ガイドラインには、主債務の不履行時に保証人の負担する保証債務をいかに整理するかが規定されていることである。すなわち、中小企業者である主債務者が、民事再生などの法的整理ないし準則型私的整理の手続を遂行しており、保証人が当該企業の経営者である場合が前提となる。そのような場合に主債務者及び保証人の双方が弁済について誠実に対応しており、財産状況の適時適切な開示をしていること、保証人に破産法に規定されている免責不許可事由が存在せず、対象債権者にとっても主債務者及び保証債務が破産手続に基づき受ける配当よりも多くの回収が得られる見込みがあるなどの経済的合理性があることなどの諸条件がそろうと経営者保証ガイドラインによる手続が許容される。

　この経営者保証ガイドラインによる手続では、保証人である会社経営者は、保証債務の支払の一時停止等を要請することができる。この一時停止等の要請は、保証人と支援専門家が連名で、対象債権者である金融機関に対して通知する。支援専門家とは債務者の弁済計画案等の作成をサポートする弁護士である。保証人は弁済計画案を作成してそれについて債権者全員の同意を得ることで、弁済計画が成立する。保証債務の弁済計画は原則5年以内とされ、保証債務の減免や期限の猶予等の権利変更が含まれている。

　また経営者保証ガイドライン手続では、破産手続を選択した場合には抵当権に基づく競売の対象となる保証人の自宅を残存資産としてそのまま継続して居住できる場合がある。現預金についても法的な破産手続と同様の金額を

自由財産（現在の運用では99万円）として所持できる。さらに経済的合理性のある範囲内で、インセンティブ資産との名目で、さらに大きな金銭を手元に残すことが許される。一定期間の生計費に相当する金額を経営者に残すことで、主債務者である会社の再生に安心して注力してもらう趣旨である。筆者が経験したものでも、連帯保証人である代表取締役に心臓の持病があり手術を必要とする予定であるということで500万円程度のインセンティブ資産を保証人に残すことを債権者に同意してもらった例がある。しかも破産と異なり手続を申請しても信用情報機関に登録されないことから、クレジットカード等を継続して使えるメリットもある。キャッシュレス化が進む社会において破産によってクレジットカードが使えないデメリットが大きいことは自明である。

　もっとも、自宅を残存資産とできるといっても華美な自宅を残存させることはできないし、保証人が債権者に開示した資産の内容が不正確であり、隠匿していた資産が後日になり発見されたような場合には、当初の保証債務がすべて復活して支払義務が発生するばかりではなく、それに付加して延滞利息まで支払うというペナルティが課せられることになる。アメとムチを上手に使い分けているのである。

　なお経営者保証ガイドラインは、上記のように主たる債務と保証債務を一体として整理する場合のほか、主たる債務を法的倒産手続や準則型私的整理手続で整理したあとで、保証債務のみを単独で整理する場合にも活用されている。

(2) 事業承継時の特則

　経営者保証ガイドラインは、その後も２つのバリエーションを公表して深化が進み、よりいっそう使いやすい制度となっている。

　まず、2019（令和元）年12月、「事業承継時に焦点を当てた「経営者保証に関するガイドライン」の特則」が公表された。これは会社の事業承継の場面において、前経営者と新経営者（後継者）の双方から金融機関が保証を徴求してきた実務に焦点を当てたものである。多額の借入れのある会社の経営

者が高齢となり退任を考えて、後継者とみなされる人物に経営を託そうとしても、後継者候補が前経営者時代からの既存の債務の保証を継承することを嫌がり後継を拒否している、あるいはそもそも後継者候補すら見つからない場合がある。そのため、この特則では、このような金融実務に対して見直しを迫り、原則として、前経営者と後継者の双方から保証を二重に徴求しないことを求めている。

金融機関が新たに会社の後継者について保証を検討する場合、その保証の必要性や保証金額の限度について慎重に考慮することとなる。保証の必要性との関係では、財務状況が改善した場合に保証債務の効力を失う契約（解除条件付保証契約）などの代替的融資手法の導入が促されているし、そもそも保証人を不要とする信用保証制度の活用が期待される。仮に後継者の保証を必要とする場合においても、保証金額を適正化するために、正常運転資金や保全の効いた設備投資資金を除いた資金に限定して、保証金額等の設定を検討することが要請される。

次に、前経営者については既存の保証の解除を原則としている。しかし例外を認めており、その場合には前経営者の保証を残しつつ後継者からも保証を徴求すること（二重徴求）を認めている。この例外としては、後継者の新たな保証契約と前経営者の既存の保証解除のタイムラグという事務的な問題のほか、前経営者が会社から多額の貸付けを受けておりその債権の返済を受けないと会社の返済能力が著しく毀損される場合のように、前経営者の保証を解除することが公平に反すると後継者が考えているケースや、金融支援を継続している金融債権者が前経営者から後継者への多額の資産等の移動や会社から両者への多額の貸付けを認識しており両者から保証を得ないと金融支援の継続が困難なケースなどがあげられている。

もっとも二重徴求の判断において、事業承継を機に単独代表から複数代表になったことや、代表権移動後も前経営者が会社の株式の大半を有していることのみから二重徴求を是とする判断をすることがないよう、慎重な配慮が要請されている。

この特則が十分に活用されれば、日本の多数の中小企業の事業承継問題・

後継者問題がある程度解決して、若い力で新たに日本の中小企業の活動を活性させることが可能となろう。

(3) 廃業時における経営者保証ガイドライン

　次に用意されたのは、2022（令和4）年3月に公表された「廃業時における「経営者保証に関するガイドライン」の基本的な考え方」（以下「基本的な考え方」という）である。基本的な考え方は、経営者保証ガイドラインの廃業時における活用方法を明確化させたものである。

　事業を再生するには早期に着手することが必要である。中小企業の経営者が金融機関に個人保証をしていることから、会社の財務状況が窮境に陥っていることは分かっていても、自らの個人破産を心配して、会社の事業再生にむけた決断を早期に行うことに躊躇する、という事態が起こらないようにしなければならない。そのためには、経営者が、破産手続という選択肢だけを考えるのではなく、経営者保証ガイドラインに基づく手続を取ることを検討させることも一つの方策である。保証人である経営者には、破産手続では若干の自由財産が残るだけであるが、経営者保証ガイドラインを選択すれば上述したように自宅（ただし華美でないもの）と自由財産の額を超えるインセンティブ資産を残すことが可能となり、経営者も自分の今後の生活をある程度守りつつ、会社の事業再生を行えることが分かり、事業再生に着手する方向に舵を切る決断が容易となる。

　このように、基本的な考え方は、経営者に早期の事業再生を促すきっかけをつくる役割が、この経営者保証ガイドラインにはあることを再確認させる内容となっている。従来の経営者保証ガイドラインの内容を変更するものではなく、むしろ内容を明確化することにより、経営者保証ガイドライン手続の利用を促進させようとする趣旨である。

　基本的な考え方で「廃業」、つまり主債務者の廃業として想定している事態は、会社が破産や民事再生等の法的倒産手続開始の申立てを行っている場合、いわゆる準則型私的整理手続の申立てを行った場合、またはそれらの手続が係属中の場合、さらにはすでに終結している場合も含まれる。

また、基本的な考え方では、経営者保証ガイドラインの対象債権者として、リース債権者が含まれることを明確化している。会社の廃業にあたり、会社の設備投資に関するリース債権に基づく経営者の保証が顕在化することが想定されるからである。同様に、保証人の生活における固有な債務であるクレジットカードや住宅ローン等の債務（固有債務）の債権者も、その固有債務が過大であり保証人の弁済計画に履行に重大な影響を及ぼす場合には、対象債権者に含めることができることが確認されている。

　基本的な考え方では、対象債権者による残存資産の検討においても、廃業手続に早期着手したことで保有資産等の減少・劣化が防止されて回収見込額が増加した場合には、その回収見込額の増加額を上限として残存資産の範囲内とすることを検討することも明記されており、保証人である経営者の早期の決断を促す内容となっている。また保証人に自由財産を超える保有資産がないため弁済する金額がない弁済計画、いわゆる「ゼロ円弁済」（ゼロ弁済）が許容されることも確認されている。もちろん、そのためには、経営者保証ガイドラインにしたがって主たる債務者である会社と保証人が、経営の透明性を確保する取組みや対象債権者への返済能力の向上に向けた真摯な努力を行っていることが求められるのは、当然の大前提である。

6　中小企業版再生ガイドライン

(1)　策定の経緯

　2022（令和4）年3月、中小企業の事業再生等に関するガイドライン（中小企業版再生ガイドライン）が策定・公表された。

　日本の法人数の99％以上を占める中小企業は360万社程度存在する。この中小企業が2020（令和2）年来の新型コロナウイルスの蔓延により甚大な影響を受けて危機に瀕しているとの認識のもと、2021（令和3）年6月、政府は成長戦略実行計画を公表し、事業再構築・事業再生の環境整備の項目を特に設け、中小企業の実態を踏まえた事業再生のための私的整理等のガイドラインの策定の検討に言及した。その結果、本源的な収益力の改善、事業再構築・事業再生に向けて企業が自律的・持続的な成長に向けた収益力の改善を

前提とした、中小企業者の事業再生・事業廃業に関するガイドラインとして結実したのが、この中小企業版再生ガイドラインであった。

　内容は2つの目的から構成されており、1つ目の目的は中小企業者のライフステージに応じた中小企業と金融機関の対応についての指針を示すことにある。中小企業の経営がうまくいっている「平時」においては、中小企業は財務基盤を強化しつつ経営の透明性を確保していくことなどが求められ、金融機関側も当該企業の経営課題を把握・分析しつつ、誠実に対応していくことや何らかの経営が不安となる有事への予兆管理が求められている。いったん中小企業が「有事」に突入した場合には、中小企業は情報開示を適時適切に行いつつ、本源的な収益力の回復に努め、それでも難しい場合には事業再生計画案の作成等を行うこととなる。金融機関側も当該計画案の策定を支援し、中小企業から求められる債務返済の条件緩和や債務減免、廃業の申し出に誠実に対応することが求められている。2つ目の目的は、いわば「有事」において、中小企業者が、これまでよりも迅速かつ柔軟に事業再生等に取り組むことができるよう、新たな準則型私的整理手続として「中小企業の企業再生等のための私的整理手続」を定めることにある。以下では「有事」における私的整理手続を中心に説明する。

(2)　中小企業の事業再生等のための私的整理手続
ア　手続の概要

　これは新型コロナウイルス感染症による影響からの脱却などを念頭に置きつつ、迅速かつ柔軟に中小企業が事業再生・廃業に取り組めるように定められた準則型私的整理である。ここでは再生型私的整理について説明するが、別途に廃業型私的整理手続も用意されている。この手続に基づき私的整理を行った場合には、最大700万円の政府補助を受けることができ、下記の外部専門家や第三者支援専門家の費用に充当できることから、手続遂行における中小企業の負担は少なくて済む。中小企業庁による経営改善計画策定支援事業における中小企業版再生ガイドライン枠に基づく措置である。

イ　手続の流れ

　債務者である中小企業は、主要債権者の同意を得て、第三者支援専門家を選任する。第三者支援専門家としては、事業再生実務家協会や中小企業活性化全国本部に登録された経験豊富な専門家が候補者リストにあげられ、それぞれの機関で公表されている。候補者リストから選任された第三者支援専門家が、主要債権者の意向を踏まえて支援開始を決定することで手続が開始する。

　債務者は、資金繰りの安定のために必要がある場合には対象債権者に対し「一時停止の要請」を行うことができるが、その前提として債務者が財務状況等の開示を含めた誠実な対応を行ってきた実績があり、かつ債務減免の要請を予定している場合には再生の基本方針が対象債権者に示されていることが必要となる。

　再生計画案の立案は、債務者自らあるいは債務者が雇用した外部専門家の支援を受けて行う。内容的には、債務者が債務超過の状態であれば原則5年以内の実質的な債務超過の解消、経常利益が赤字であれば原則3年以内の黒字転換、再生計画終了年度における有利子負債の対キャッシュフロー比率が概ね10倍以下となることなどが要求されている。

　また再生計画案において対象債権者に金融支援を要請する場合には経営責任を明確にさせることが必要である。もっとも、感染症の世界的流行などにも配慮して、経営者の退任は必須とはしていない。

　さらに、対象債権者に債務減免等を要請する場合には、株主責任を明確にするとともに、破産の場合よりも当該再生計画案に基づく場合の方が弁済額が多くなるという清算価値保障原則を遵守していることを内容とする必要がある。

　このような内容を含む再生計画案が作成された場合、第三者支援専門家はその内容の相当性と実行可能性、金融支援の必要性、金融支援の内容の相当性や衡平性等について調査して、調査報告書を対象債権者に提出する。

　その後、債権者会議が開催され、債務者からは事業再生計画案の説明、第三者支援専門家からは調査結果の報告等を行い、併せて対象債権者が同意・

不同意の意見を表明する期限を定める。

　そして対象債権者全員が再生計画案に同意したことを第三者支援専門家が文書等で確認した時点で事業再生計画が成立する。計画成立後、債務者はその計画を実行する義務が課せられることになるが、外部専門家や主要債権者は計画の実行状況についてのモニタリングをおおむね３年間行う。もちろんその間に計画の未達があるような場合には、真因分析をして再生計画案の変更で対応できるか、法的整理手続への移行や廃業等について債務者と協議を進めることになるであろう。

　この手続は、中小企業庁による支援事業を利用することによって、資金力の乏しい中小企業が、事業再生に詳しい弁護士や会計士などの再生専門家を雇用できる点に大きな特徴がある。まだ制度が制定されて間もないが、活発に利用されることが期待される。

おわりに

　はじめにの中で、「事業再生は「生き物」である」という話をしたのを覚えているであろうか。

　事業再生が生き物であれば、それを取り扱う我々もそれ「相当」に身を処すようにしなければ、事業再生の濁流に飲み込まれてしまう。債権者からの強硬な返済要求や、取引継続をお願いした取引先からの無理な要求もある。刑事事件が関係して警察から「お尋ね」が来ることもある。上場会社が関係してくれば、証券取引等監視委員会からインサイダー取引等について「お問い合わせ」が来ることもある。法的整理や私的整理を問わず、手続が開始すると、途端に問題が噴出して、現場は文字どおり戦場になる。

　その中で、我々は右往左往するのではなく、冷静な判断をしていかなければ「生き物」を再生していくことはできない。そのときに何が大切なのか、自分の軸は何であるのか。それは各人の人生において培ってきた常識・良識であり、また世の中のことや人々のことを広く深く洞察する力であると思う。噴出する多方面からの問題を、あわてずに、ただし優先順位をつけながら確実に解決していく力は、学校で教えられるものではない。社会に出て、いろいろな人に出会い、たくさん話を聞いて、そして自分の頭で考える。それを繰り返すことで人としての実力が次第にでてくる。倒産時における社長の心理も担当従業員の心理も分かってくる。取引先債権者の担当者の失望と怒りも分かってくる。

　筆者が弁護士1年目の時、私の師、松嶋英機先生から、会食してほろ酔い加減で一緒の電車で帰宅途中、「アベ君、法律なんてそんなに勉強しなくてよいんだよ。もっと遊んで、いろいろなことをしなきゃだめだよ、いろいろ経験しないと本当のことが分からないよ。」と言われたことを、今でも昨日のことのように思い出す。事業再生は、人間力でもある。

事 項 索 引

わかりやすい事業再生手続

2023年9月30日　第1刷発行

著　者　阿　部　信一郎
発行者　加　藤　一　浩

〒160-8519　東京都新宿区南元町19
発　行　所　一般社団法人 金融財政事情研究会
編　集　部　TEL 03(3355)1758　FAX 03(3355)3763
販売受付　TEL 03(3358)2891　FAX 03(3358)0037
URL https://www.kinzai.jp/

印刷：三松堂株式会社

ISBN978-4-322-14378-2